海と神そして日本人

鈴木啓輔 著

口絵 1

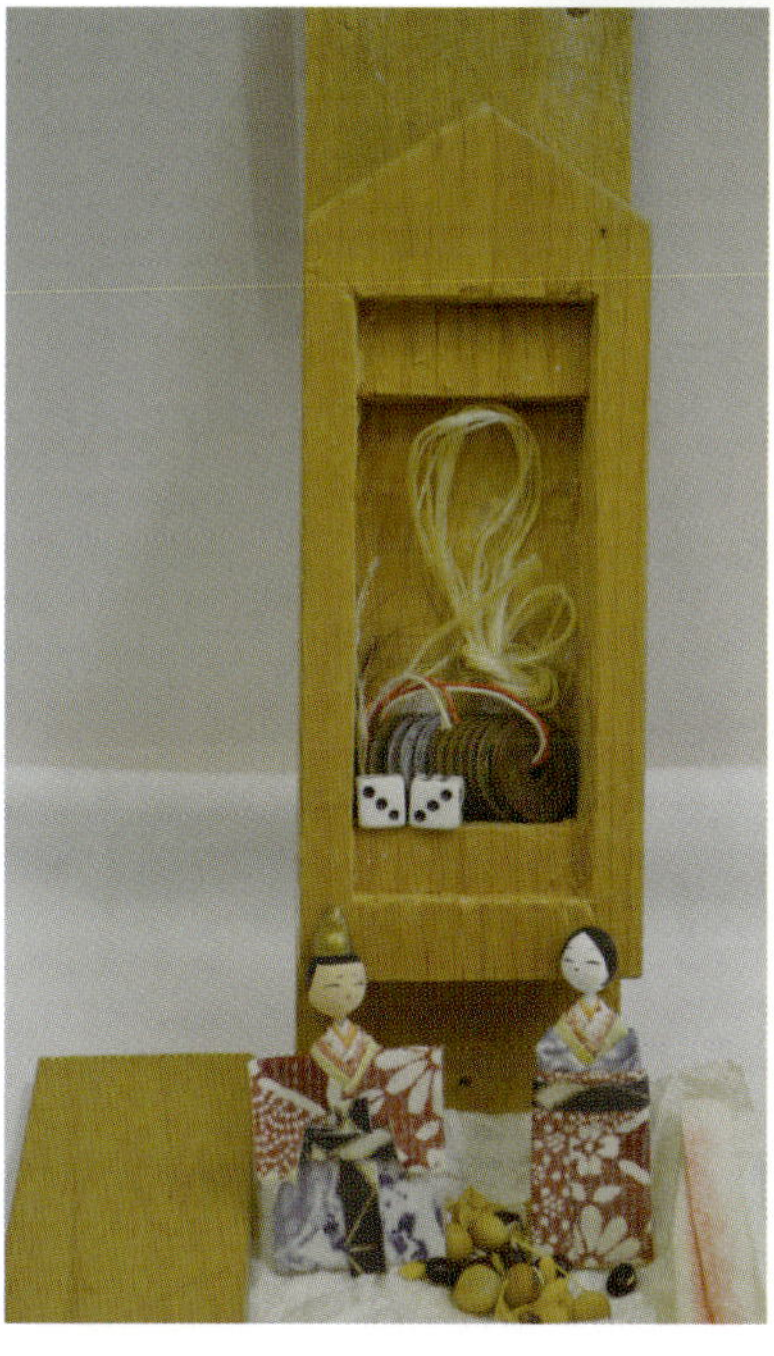

房総浜勝浦の船霊様

国指定重要有形民俗文化財

「房総半島の漁撈用具」

2144 点の内 2 点

(館山市立博物館所蔵)

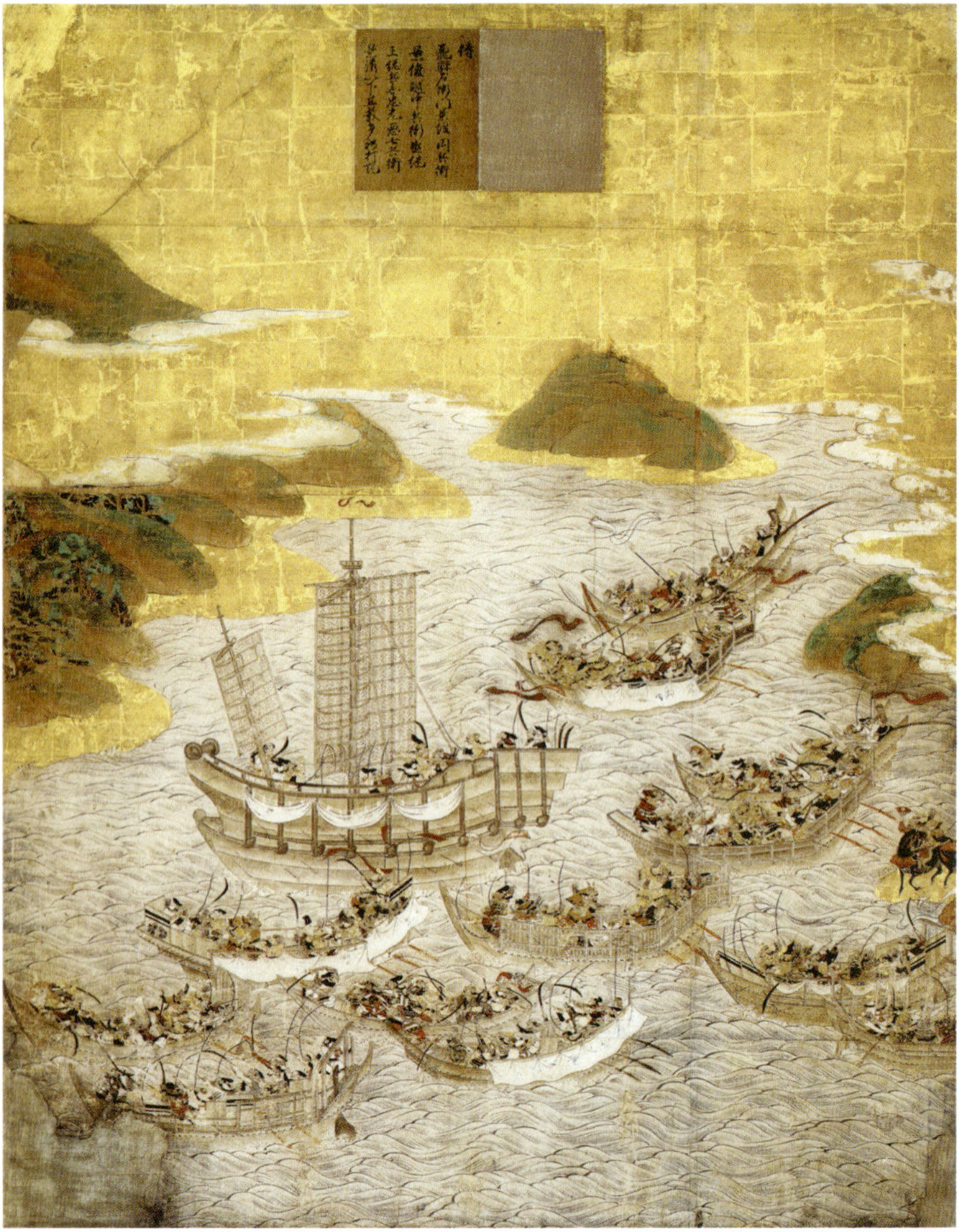

［第七幅　壇ノ浦合戦］

安徳天皇縁起絵

山口県有形文化財（赤間神宮所蔵）

［第八幅　安徳天皇御入水］

口絵 3

沖ノ島遠景
（宗像大社・宗像大社文化局提供）

口絵 4

住吉大社絵図
（千葉県　鴨川館　株式会社吉田屋提供）

まえがき

古来日本人は海という自然に神の存在を感得し、畏敬の念をもって接してきた。しかしながら、今日、海洋環境は、人類の営みによって大きく破壊され、そこに棲む生物の生存にさえ悪影響を及ぼすほどになってしまった。

わが国は、四方を海に囲まれた島国である。換言するなら、海によって隔離された地理的条件に置かれた国といえる。この島国である日本において、古代より質の高い文化の存在が認められるのは、当時すでに先進文明が発達していた大陸の文化の影響の存在を想定せざるを得ない。このような想定の中で、大陸から日本への文化の伝達手段はというと、当然ながら、船による海上交通以外には考えられない。わが国に一番近い朝鮮半島南部から対馬まで、機械船のない時代において凡そ七～八時間の近距離である。そして対馬から壱岐、壱岐から北九州は、望見できる距離でもあり、海を熟知している人にとっては、その往返にさほど大きな問題になるところではない。

そこで本書では、古代より海を熟知し漁撈を生業とする人々がどのような人達であったかを考証し、それらの人々が心の拠りどころとしてどのような神を信仰し、日本列島に高度に進んだ文化をひろめていったか、そして彼等がいかにわが国の文化発展に貢献したかを、史料をもとに考察し、平易にそして広範に解説した。

「海国日本」ともいわれたわが国、そしてそこに住み海と関わりを持つ日本人の心の拠りどころとしての神道に関し、広く教養書として、また神道や民俗学の初学者の導入書として活用していただければ著者としてこの上ない幸せである。

最後に本書出版に当たり多くの貴重な論文、著書などを参考にさせていただき、ご教示を受けた。それらの著者、編者各位に心より敬意と謝意を表する次第である。

また、前著『自然と神そして日本の心』につづき本書出版にあたっては、企画の段階から種々有益なご示唆とご指導ご助力をいただいた㈱雄山閣　羽佐田真一氏に心より厚く御礼申し上げ感謝の意を表したい。

平成三十一年　早春

◎海と神そして日本人　目次◎

第一章　海と日本人

一―一　海の生い立ち

太陽系の惑星の一つで我々人類が生存している地球は、今からおよそ四六億年前にいわゆるビックバンを経て生まれた原始太陽のまわりを、残された塵やガスが運動し、冷却も始まり集合して微惑星を多数形成し、これらが互いに衝突・合体して誕生した惑星である。この微惑星の衝突・合体の過程で生み出された熱や原始地球の構成元素のうち放射性元素の崩壊により放出される熱によって地球は溶融状態にあったとされている。

こうして生み出された熱も次第に低温化し、地球表面は冷却されて地殻が形成されていったと考えられている。しかし地球の内部はそれほど低温化が進まず、現在でも内部の核心部分は、三七〇〇℃もの熱によって溶融している状態にある。

溶融状態から低温化の過程で溶融状態のマグマから分離した水が海をつくり、分離した気体が大気を形成した。しかしこれら原始の地殻、海、大気は、今日我々の知る形とはかなり異なったものとされ、例えば原始の大気の成分は、メタン、二酸化炭素、水蒸気、塩化水素などであったとされている。この原始大気も次第に変化し今日にいたる長い年月の過程でいろいろな物質を生み出していったのである。その中には、有機化合物も生成し、それに水素、酸素、窒素、硫黄などの元素が結合した複雑な化合物も生み出され、やがてたんぱく質が生成され、それが酵素と組み合わさって生命をもつ物質が生まれた。すなわち生物である。

マグマから原始大気中に放脱してきた水蒸気が、地殻表面と大気の冷却とともに凝縮し、雨となって地表に降り注ぎ、地表を一層冷却しつつ海を誕生させた。この雨は、原始大気中の成分の一つである塩化水素を溶解し、原始の海は当初酸性を呈したものであったと考えられる。また海水が長い年月の末中性化してくると、大気中の二酸化炭素を吸収し海水中のカルシウムイオン（Ca^{2+}）と反応して$CaCO_3$を形成し、石灰岩として除去されることによって大気中の二酸化炭素濃度を大幅に減少させていった。

このよう経過をたどって海が形成されたのであるが、海はまた生命の源と考えられている。海の成分は微量元素を含めて地球生物の組成と類似しており、海底からの熱水が噴出しているところに生物の発生があったという説もある。今日のように大気中に酸素も無く、オゾンの存在も考えられないような環境においては、バクテリアのような単細胞生物でも太陽からの強い紫外線にさらされている地表では到底生存できず、地表での生物の誕生は考えられない。それでは生物はこの地球上のどこで誕生したかというと、そこは海の中としか考えられない。なぜならば太陽からの強い紫外線も海水によって吸収されてしまうからである。いま我々は、地表において酸素を呼吸して生息している。それでは原始の大気にどのような機構で酸素を発生させたかを推測すると、原始大気中の水蒸気が太陽からの紫外線によって光分解させられることによるものと考えられる。

$$H_2O \xrightarrow{\text{(紫外線)}} 2H + O \qquad O^2 \xrightarrow{\text{(紫外線)}} O + O$$

$$O \rightarrow O_2 \qquad O_2 + O \rightarrow O_3$$

それとは別に始めに海中に発生した単細胞生物から生物の進化に伴い、二酸化炭素と水と太陽光で増殖できる葉緑素をもつ藻類が海中に出現し、これらの藻類の光合成によって酸素が初めて地球上の海の中に発生し、だんだんその量も増えてきたと考えられる。しかし初期には強い紫外線を防ぐ程の量には至らず長い年月を経て藻類も増殖し、光合成も活発化して発生酸素量も増大し、やがて海水に溶存していた酸素が大気中に放散することとなった。同時に大気中の酸素は紫外線の働きによりオゾンを生み出し、オゾン層を形成し、地表に照射される紫外線量を大きく減少させ、今日のような状況が形成されたのである。その時期は、今から凡そ二億年前といわれており、生物が海中生活から這い上がり地上生活が可能となった時期でもある。

地上に這い上がった植物の活発な光合成により酸素は大量に大気中に放出され、ついに酸素呼吸をして地上に生存する人類が出現したのである。その誕生は今から四〇〇万年～五〇〇万年前とされている。初めて誕生した頃の人類は、自然環境に極めて弱い生物であった。鋭い歯や爪、角や牙を持つわけでもなく、強力な腕力や駿足ももたない、猛獣等に対しても極めて抵抗力の弱い動物であった。しかし人類は、他の動物に比較すると、はるかに優れた頭脳をそなえていたため、いろいろなことを考え計画し、その知力によって自らを危険から守ることのできる生き物であった。さらに画期的なことは、今から五〇万年前に人類は木を摩擦し火をおこし、それを用いることを覚えたことである。その結果、それまで生でしか食べられなかった食物に火を通すことで貯蔵もでき食物量を豊富にし生活環境の向上が計られ、人口を増加させていったのである。今、世界人口は七〇億人を超え増加の一途をたどっている。

かつてロシア（当時ソ連）の宇宙飛行士ガガーリン氏は、我々の住家である地球を宇宙という外から見た初の人類となった。そして宇宙から見た地球の姿を「地球は青かった」と感動的に表現したのである。これは地球表面の三分の二が海洋であることを見事に表現し物語ったものである。太陽系の惑星の中でこのようにただ一つその表面が大量の水により覆われていることより「水の惑星」、「青い惑星」と呼ばれている。

	水　量 （× 10^3km^3）	比　率 （%）
海　水	1,349,929	97.5
雪　水	24,230	1.75
地下水	10,100	0.73
土壌水	25	0.0018
湖沼水	219	0.016
河川水	1.2	0.0001
水蒸気	13	0.001
総　計	1,384,517.2	100

表 1-1　地球における水の分布量

水は、我々人類および地球上の生物になくてはならない物質で、水なくしてその生命を維持することはできない。地球上に存在する水の総量は、凡そ一三億九千万キロ立方メートルといわれ、いろいろな姿で存在している。海水としての存在が最も多く、全水量の九七・五パーセント、約一三億五千万キロ立方メートルを占めている。その他大気中の水蒸気、陸水といわれる南北両極の氷河、河川水、湖沼水、土壌水、地下水などの総計で二・五パーセントとなっている。

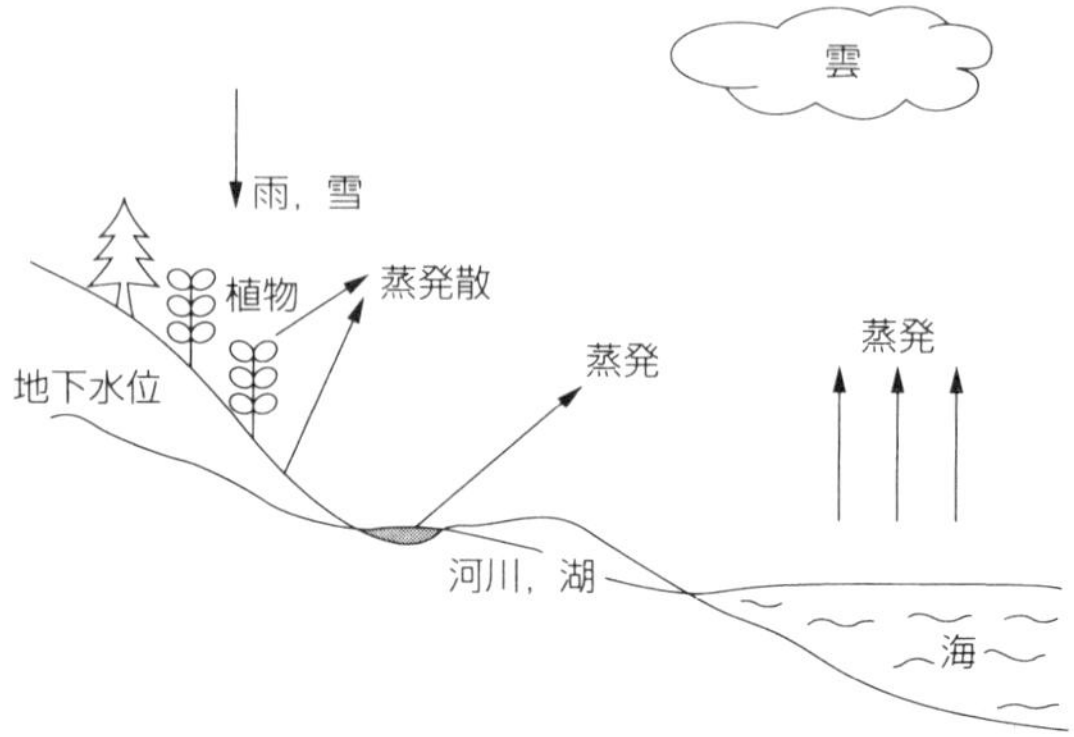

図 1-1　水の循環の概略

この二・五パーセントのうち一・七パーセントを両極の氷河が占め、残りの〇・七五パーセントが河川水、湖沼水、地下水、土壌水にすぎず、われわれが日常的に利用できる水の量は、河川水、湖沼水の一部、浅層部地下水などで地球上の総水量の〇・〇四パーセントほどとされている。

この日常的に利用可能な水は、海水を始めとする水の蒸発による水蒸気を起源とする雨水であって、その量は極めて少量であることがわかる。太陽の放射エネルギーによる水の蒸発を海水のみとして考えると、海水は約三千年程で枯渇してしまう計算になる。しかしながら海水量は原始の海の水量と変わっておらず、海水の蒸発量と同量の水が雨水等となって海洋に戻る、すなわち地球表面において水は、太陽の放射エネルギーを媒体として非常に規模の大きな循環をしていることが理解できる。

海はその中に地球生物を生み出し、我々人類の生存になくてはならない真水を供給し、蛋白源としての水産物ばかりか天然ガス、石油といったエネルギー源の供給源としての働きもある。また、レアーメタルなど鉱物資源の供給源としても今後大いに有望視されている。四方を海に囲まれているわが国においてもエネルギー源としてのメタンハイドレートの大量の埋蔵が確認されている。さらに海は、古代より輸送の手段としても人々に多く利用され貢献してきた。ちなみに近年におけるわが国の貿易量のうち輸出入合わせて海上輸送による割合は、何と九〇パーセントを占めている。このように人類に大きな恩恵を与えてきた海が、今日、人類の営みによって本来の姿を変えつつある状況になっている。

一―二　海における環境汚染

人類が火を知り、火をエネルギーとして利用する手段を発見したことは、人類の文明史上重要な転換点であった。石器時代では木材が暖房や煮炊きなどに用いられるようになり、結果として食物の量や種類を増やし人口が増加し文明が発達した。中世の頃まで人々の用いる燃料としては、木材がそのほとんどを占めていた。しかし人々は、ヨーロッパにおけるエネルギー源としての木材調達のための過度な森林破壊を目の当たりにし、森林保全と工業の発展に伴うエネルギー消費量の増大を補うために、古くから燃える石として細々と利用されていた石炭の大々的な利用が始まった。いわゆるヨーロッパの産業革命の時代である。

その後二〇世紀に入り、さらなる飛躍的な工業の進歩発展に伴い、エネルギー源の主体が石炭から石油へと移行していったのである。また、二〇世紀中頃になるとプラスチックを始めとする石油化学工業が急速に台頭し、それに伴い石油の大量消費時代が到来し今日に到っている。

石油の歴史は古く、ギリシャ神話においてはプロメテウスの流した血という表現で石油を言い表している。わが国においては、天智六年（六六七）、越の国で発見された燃える水を天智天皇に献上したとする記録が残っている。このように発見の歴史の大変古い石油は、原油に引火性の高いガソリン分が含まれ危険なため取り扱いが難しく、実際に用いられたのは一九世紀に入ってから、ノーベル兄弟によって開発された蒸留装置を用い原油中から重油とガソリン分を取り除いた後の灯油分がランプ用として使用されるようになってからである。わが国では、慶長年間に越の国の新津でやはり石油がランプ用に使われたという記録がある。取り扱いに危険が伴うとして使用されてこなかったガソリンは、その後自動車用燃料や航空機用に、また、重油は船舶や工業用燃料として飛躍的な需要増大をきたし、今日毎年約四〇億トンもの原油が生産されている。

石油は、サウジアラビアを始めとする中東にその約六〇パーセントが埋蔵され、その他北米やベネズエラなどの中南米、ナイジェリアなどのアフリカ、旧ソ連、東欧、そしてインドネシアなど限られた地域に埋蔵されている。

油田から採掘された原油は、一旦水分やガスを分離した後パイプラインで積出港まで運ばれ、タンカーに積み込まれ消費地に送りだされる。わが国への中東原油の輸送は、主にホルムズ海峡、インド洋、マラッカ海峡、バシー海峡を経由する海上ルートによって運び込まれている。

石油による海の汚染については、産油国における大陸棚の海底油田開発、石油の海上輸送量の増大などに伴い、油田自体からの石油流出事故、また、海上輸送の途上におけるタンカーの座礁、衝突、沈没事故などにより急速に進行し、一九九〇年代初頭には海洋への油流出量が年間三〇〇万トンに達し、それ以前における海に流出した油量の一〇〜一五倍程にも海洋汚染を拡大していった。タンカー事故による海洋汚染例としては、一九六七年イギリス沖でタンカー「トリーキャニオン号」が座礁し、英仏海峡一帯を一〇万トンの石油で汚染した歴史がある。

日本近海では、平成九年島根県沖でロシアのタンカー「ナホトカ号」が沈没し、付近の日本海沿岸に大量の重油が漂着し、大きな被害をもたらした事故は我々の記憶に新しいところである。それらタンカーでの輸送中の事故とは別に、当時タンカーの通常作業での石油による汚染が大きな海洋汚染源であった。一九七六年以降「ロードオントップシステム」が義務付けられ、タンカーの通常作業からの油流出は最悪時の八分の一に大幅に減少したが、それ以前は、消費地で石油をタンク内から降ろした後、空船となった油槽内に船の安定を図るバラスト水をいれ、油田地帯にむけ航海し、再び石油を積み込むとき、そのままバラスト水を海洋に放出する方法がとられていた。現在では、油を含んだバラスト水は、油と水を分離した後の水を海に放出することになっている。

海中に流出した油は、分散するとその段階で石油中の分子量の小さい炭素数一四以下のメタン系炭化水素やベンゼンなど揮発性の成分は蒸発する。しかし後に残った石油成分は、海洋に拡散し自然の海洋環境のなかで酸化反応を経ていわゆる〝オイルボール〟となって海上を漂い海流に乗って世界各地の海岸に漂着したり海底に沈んだりして被害を及ぼし、海水中に分散した油は、乳化し化学分解や微生物分解されるとともに魚など海洋の生物の体内に摂取されてい

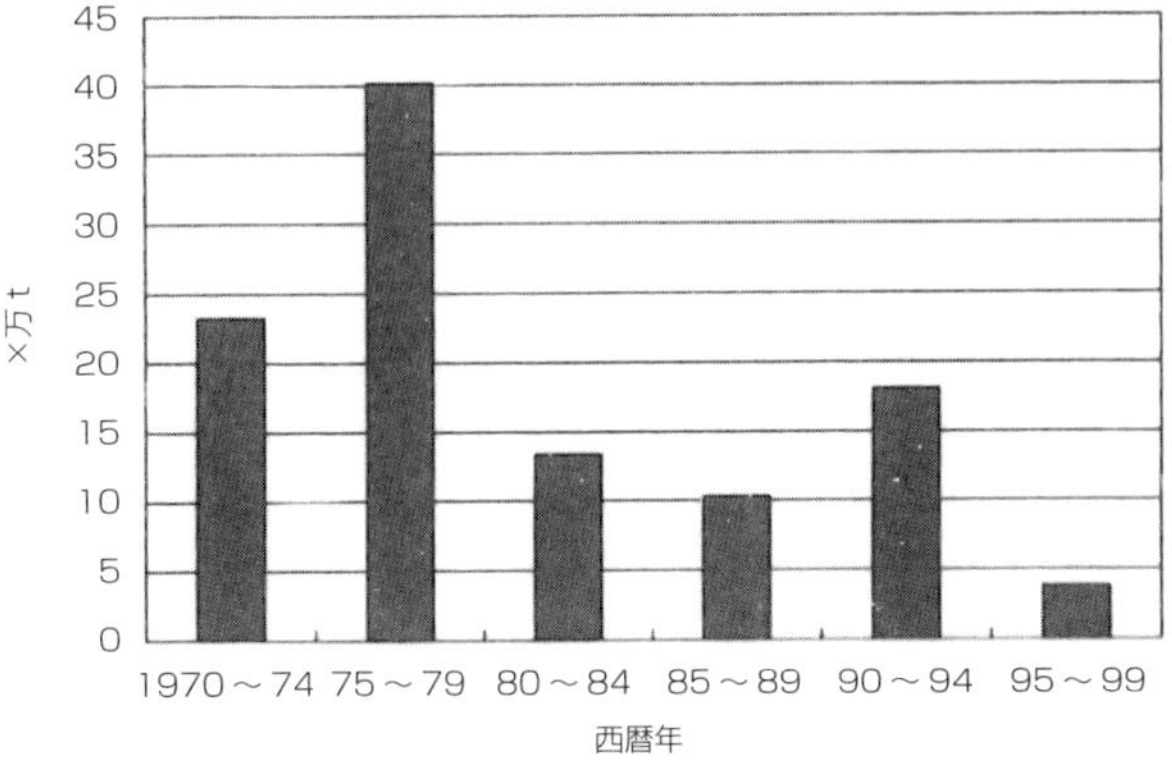

図 1-2　船舶からの年平均石油流出量

る。熱と光と酸化作用さらに油を分解する微生物の存在が重要な要素と考えられる。

このように石油の海洋への流出は、短期的には海洋生物に大きな被害をおよぼし、長期的には蒸発、拡散、光酸化分解、微生物によって分解されていくと考えられるが、最終的にどのように海から完全に消失していくかの消失機構は解明されていない。石油の海洋流出による生物への影響としては、アザラシなどの海洋哺乳動物は言うに及ばず海鳥にもに大きな被害が発生した事実がある。すなわち流出油により浮力を失い溺死したり体温保持ができなくなる等で多くの海鳥が死にいたったのである。そのほか油により海面に油膜が発生すると海藻など光合成をする生物は太陽光が十分に照射されなくなり成長増殖が阻害される。また海洋には、いろいろな微生物が生存し海の生態系を維持しているのだが、これら微生物の増殖に悪影響を与え、結果として元からの海洋環境を変化させてしまうことにもなる。海洋における生態系というものは、長い年月を経て微妙なバランスの上に成り立っているもので、一度その生態系が破壊されると元の生態系に戻るまでには気の遠くなる程の年月を要することになる。

森林破壊の結果として海の汚染を引き起こす場合がある。沿岸の漁業者は、古来陸上の山を大切にし山の神を信仰の対象にもしている。森林破壊による海の汚染で考えられるのは、土砂の海への流入である。海藻の生育する場所であり、魚類の産卵生育の場でもある沿岸の岩礁が土砂で覆われてしまうと、そこには海藻は生育しなくなり、不毛の岩場に変化してしまう。換言するなら沿岸の好漁場は、そこから見える山の森林によって形成されるといってよい。

過去において原生林に覆われていた北海道の襟裳岬では、明治時代に入り木材の需要増大に伴い大規模な森林伐採が行われた。その結果、森林の下の豊かな土壌は風雨により侵食が進み、流れ出した土砂は海へと流出し、付近の海面は黄赤色に変化したほどになったといわれている。この現象により漁獲量が大きく減少することになった。これまで森林から豊かな栄養素が供給された沿岸の岩場は、海藻の繁茂する魚介類の宝庫であった訳で、漁獲量の減少の原因が土砂であったことが明らかとなった。現在は一帯の植林が進み、漁獲量も森林が成長するとともに大きな回復傾向を認めることになった。土砂による海の汚染は、沿岸における岩場を土砂が覆うことになり、その岩場はワカメ、カジメ、コンブなどの有用な海藻が繁茂しているところであるが、流出してきた土砂がこれら岩礁表面を覆うばかりか海藻の表面に付着することで海藻が生育できなくなり枯死し、岩礁地帯をいわゆる砂漠化してしまう現象を引き起こすことが知られるようになった。この現象を〝磯焼け〟と呼んでいる。

我々は、今日、日常生活の中で多くのプラスチック製品に囲まれて便利な暮らしをしている。これらのプラスチック製品は、やがてゴミとして捨てられ、埋め立てや焼却処分されるが、環境中に未処理のまま廃棄されるプラスチック製品も少なくない。

今日、マイクロプラスチックによる海洋汚染が問題になっている。このマイクロプラスチックの発生源は、廃棄されたプラスチック製品の一部が河川を経て海洋へと移動し、風や波の圧力によって物理的に崩壊し、また、太陽からの紫外線や熱によって光化学分解や熱分解といった過程を経て、徐々に微細化していくもの、およびプラスチック製品の原料となるレジンペレット等が考えられる。既に粒径が五ミリ以下のマイクロプラスチックは、世界中の海に拡散しており、北極海の氷の中にも発見されたと報告されている。今日、海洋に流出されるプラスチック類の総量は、年間七五〇万トン~九〇〇〇万トンともいわれている。

最初に海洋におけるマイクロプラスチックの存在を発見したのは、一九七一年ウッズホール海洋研究所によるサルガッソ海域での調査で海面に大量の微細プラスチック粒子が浮遊している状況を確認したことにある。

本来プラスチックは、丈夫で化学的に安定であり、廃棄されたプラスチック製品は自然界では処理されずらい性質を有することより、海洋に流出した廃棄プラスチックは、長期間海面を漂うことになる。その間に次第に微細化し、そこに生息している海洋生物の食物連鎖の中に入り込む危険性も懸念されている。マイクロプラスチックばかりでなく、まだ微細化されていない廃棄プラスチック容器、ポリエチレン袋、発砲スチレンなど石油の成分から重合反応によって合成されたプラスチック製品が世界中の海洋に漂流している。それを餌のクラゲと間違えウミガメがポリエチレン袋を摂取し、胃に詰まらせ、衰弱して海岸に打ち上げられたり、魚の胃の中にもプラスチック製品が検出されている。最近鯨が衰弱して海岸に打ち上げられた報道があり、その体内から大量のプラスチック製品が確認されたと報告された。

我々は、丈夫で便利なプラスチック製品をいろいろな分野で大量に使用しているが、それらの製品などが原因となり地球生物の母とも言われている海洋が汚染され、そこに生存する海洋生物の生存を脅かし、このままでは海の生態系をも破壊しかねない現状を直視しなければならない。わが国において回収された廃棄プラスチックの総量は、約九〇〇万トンでその内一五〇万トン程が再利用されることなく単純焼却と埋立て処分されている。

人為的な原因による水質汚染の発生源としては、工業排水、農業廃水、生活排水の三種が考えられる。わが国における年間水使用量は、およそ九〇〇億トンで、そのうち工業に用いられる水は、全使用量の約一五%を占めている。国民一人当たりの水の使用量は、文明の質によって異なり、原始的な生活を営んでいる国では、国民一人当たり一日四〇リットルの水を消費しているといわれ、それに比べて日本やアメリカ等工業先進国の国民は、一人一日約七トンもの水を使用して物質的に恵まれた豊かな生活を謳歌している。我々の日々の生活空間を見渡すと驚くほど多くの工業製品に囲まれていることが解る。しかしこれら工業製品を製造するには、大量の水を使用することも理解しなくてはならない。さらに工業の過程で消費された水は、工業排水となって河川や海に排出され、それら水域の水質を急速に悪化させ、そこに生息する生物の生存に好ましくない方向に水質を変化させてしまうことにもなる。

昭和三〇年代の初めわが国において工業排水中の重金属によって海を汚染し、沿岸周辺の住民に大きな健康被害を及ぼした事象がある。熊本県水俣湾周辺住民に手足や口の痺れ、言語障害、知覚障害等神経障害を主とする原因不明の患者が多数発生し、〝水俣病〟として公式に確認されたのである。この症状は、メチル水銀が関係する中毒による脳神経障害として知られていたハンター・ラッセル症候群と酷似していた。

当時水俣市のチッソ水俣工場でアセチレンから各種の有機合成の原料、プラスチックの可塑剤の原料であるアセトアルデヒドを製造していた。その生産量は、国内トップの座を占めていた。この製造工程で反応の触媒として使用された硫酸水銀の一部がアセトアルデヒド酢酸設備内でメチル水銀を生成させ、排水に混入して湾内に流出したことが原因となった。

一般的にメチル水銀のような有機水銀化合物は、無機水銀化合物より毒性が強く、そのうち最も毒性の大きなものがメチル水銀である。

メチル水銀は、生物体内で容易に移動せず、生物的半減期は約七〇日といわれている。チッソ水俣工場におけるアセトアルデヒド製造工程で生成した少量のメチル水銀は、排水口を経て水俣湾に流出し、その水銀汚染した海水を餌とともに飲み込む微生物が体内に水銀を取り込み、その微生物を餌として摂取した魚介類の体内に濃縮され、さらにその魚介類を大量に摂取した人間の脳に水銀が蓄積するという食物連鎖によって水銀中毒を発症させ、脳の中枢神経をおかしたものである。水俣病は重金属類の水銀が関与したあまりにも悲惨な環境破壊であり、〝ミナマタディジーズ〟と名付けられ、世界的にこの病名が使用されるようになったほどである。アセトアルデヒドの製造は、その後水銀触媒を用いないエチレンからの製造に変えられている。汚染された水俣湾の底質は、昭和五十二年から平成二年にかけて約一五〇万立方メートルが浚渫、埋め立て処理が行われ、現在水銀についての水質環境基準値を達成し、底質魚類についても暫定基準値を上まわっておらず、良好な海域環境となった旨報告されている。

また、一九六〇年代より船舶の航海速度を遅くする船底へのフジツボ、海藻などの付着生物の付着を防止するためにトリブチルスズやトリフェニルスズなどの有機スズ化合物を含む塗料を船底に塗布するようになった。一九七〇年代入りフランスの牡蠣の養殖場において生育不良や異常牡蠣が多く認められるようになり、生産量も年々減少の一途をたどった。その原因がこの毒性の強い有機スズであることが判明した。わが国においても有機スズを含む船底塗料も使用されており、養殖場では、魚網に海藻が付着し、海水の流通が阻害されてしまうことを防ぐため魚網への塗布が行われていた。このような海洋生物への毒性からフランスでは一九八二年に日本では、一九九一年に有機スズ化合物を含む塗料の使用が禁止されることになった。

過去において害虫駆除を目的に殺虫剤として大量に使用された有機塩素系化合物のＤＤＴ（ディクロロディフェニル）は、化学的に安定であり、土壌中でバクテリアなどの作用も受けず分解速度も遅いため長期間薬効が持続するが土壌や水系などの環境中に残留することが知られている。環境中に放出されたＤＤＴは、土壌や大気を経て水系に流入し、脂溶性物質であることより、そこに生存している動物プランクトン　↓　小型魚類　↓　大型魚類、そして人体へと食物連鎖をとおして移行し、それぞれの生物体の脂肪層で濃度を増していくという生物濃縮がなされることが解明されている。その結果神経系統の細胞に悪影響を及ぼし、運動麻痺や痙攣、呼吸困難、異常感覚、内分泌撹乱などを引き起こすことも明らかとなった。またこの食物連鎖の途中でＤＤＴは鳥類に移行することもある。アメリカのオジロ鷲がＤＤＴに汚染された餌を常食していたことが原因で、卵殻へのカルシウム沈着がしずらくなり、殻の薄い卵しか産卵しなくなり、壊れやすい卵となってしまい繁殖能力を低下させ、一時絶滅に瀕する危機に陥ったといわれている。わが国においては一九七一年に全ての作物へのＤＤＴ使用が禁止された。ＤＤＴ同様有機塩素系化合物で殺虫剤として使用されていたＢＨＣも使用が禁止となっている。因みにＤＤＴやＢＨＣの毒性については、ネズミに対するＬＤ50（化学物質の急性毒性の指標で検体の半数が死亡する化学物質量）を見るとＤＤＴは体重一キログラム当たり一一三ミリグラム、ＢＨＣは八八ミリグラムである。

かつてＰＣＢ（ポリ塩化ビフェニル）が化学的に不活性で酸、アルカリ、水と反応せず燃えにくい性質をもつことより電気絶縁体、熱媒体、ノンカーボン紙などに多用されていた。わが国において一九六八年に米糠油を抽出、精製する過程で熱媒体として使用したＰＣＢが誤って食用米糠油の中に混入し、摂取した人々の体内の脂肪組織に蓄積し長期間残留した結果、皮膚の炎症や肝臓障害などを引き起こした事件があった。一九八八年北海では、アザラシの体内にＰＣＢが高濃度に蓄積し、抵抗力を低下させウイルス感染により一万七千頭もの大量死を招い

	PCBs		DDT	
	濃度（μ /kg）	濃縮係数	濃度（μ /kg）	濃縮係数
表層水	0.00028	1	0.00014	1
動物プランクトン	1.8	6.4×10^3	1.7	1.2×10^4
イワシ	48	1.7×10^5	43	3.1×10^5
スジイルカ	3,700	1.3×10^7	5,200	3.7×10^7

表 1-2　太平洋における有機塩素化合物の食物連鎖と濃縮係数

た事件もあった。わが国では、ＰＣＢによる環境汚染をうけて一九七二年には製造を禁止した。人口密度の極めて低い北極域を生息の場としている北極熊の体内にまでＰＣＢの蓄積が認められている。ＰＣＢは、海水や底質を汚染していることも明らかで、海洋という大きな容量を持った中へ、人類の営みによって廃棄される汚染物質の量は、ほんの微量で魚類や海洋哺乳動物、人体に直接的には悪影響を及ぼさないようにも捉えられるが、海中では植物プランクトンから大型魚類に食物連鎖が進み、それら大型魚類は肉食性のイルカや鯨、北極熊などに捕食され、その過程で汚染物質のそれぞれの体内での濃度を増していく生物濃縮がなされ、最終的に動物の最高位にいる人体に有害物質による被害がおよぶことになる。日本人は、動物性たんぱく質の摂取源を魚介類などに依存する割合が多い国民である。しかしながら汚染物質による海洋における生態系がどのような影響を受けるか、またそれを摂取する人類にどのような影響を及ぼすかは、未だ明らかにされていない。

内湾などの閉鎖系の海域において水質の富栄養化が原因となって〝赤潮〟と呼ばれる現象が毎年のように生起するようになった。高度経済成長の時代に入り多発するようになったもので、湖沼などの淡水で発生した場合〝淡水赤潮〟とか〝水の華〟と呼ばれている。生活排水や工業排水などが未処理のまま公共用水域に放流された結果、河川水や湖沼水に栄養の富化現象が起こり、この富栄養化した水が湾内に流入拡散し赤潮発生の条件を生み出すことになった。栄養塩類である窒素やリン成分の水界への流入源としては、農業や畜産排水、生活排水、などいろいろ考えられる。

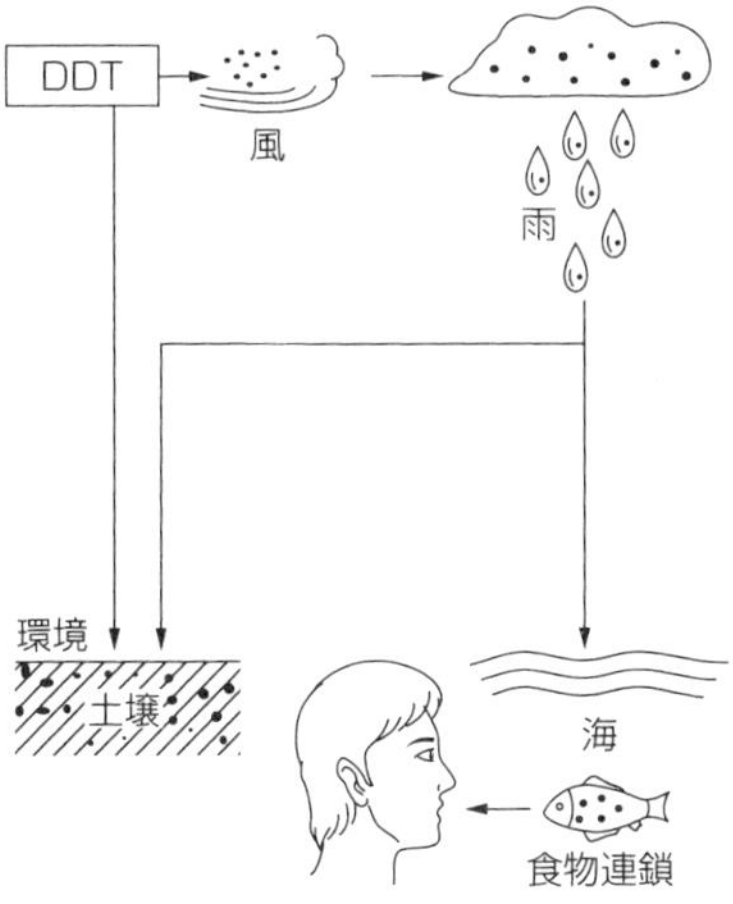

図 1-3　環境中の DDT の移行図

淡水域での事例については、琵琶湖における湖水の富栄養化による水質の悪化が著名な例である。高度経済成長に伴い琵琶湖周辺の開発が進み、当時合成洗剤の助剤として使われていた

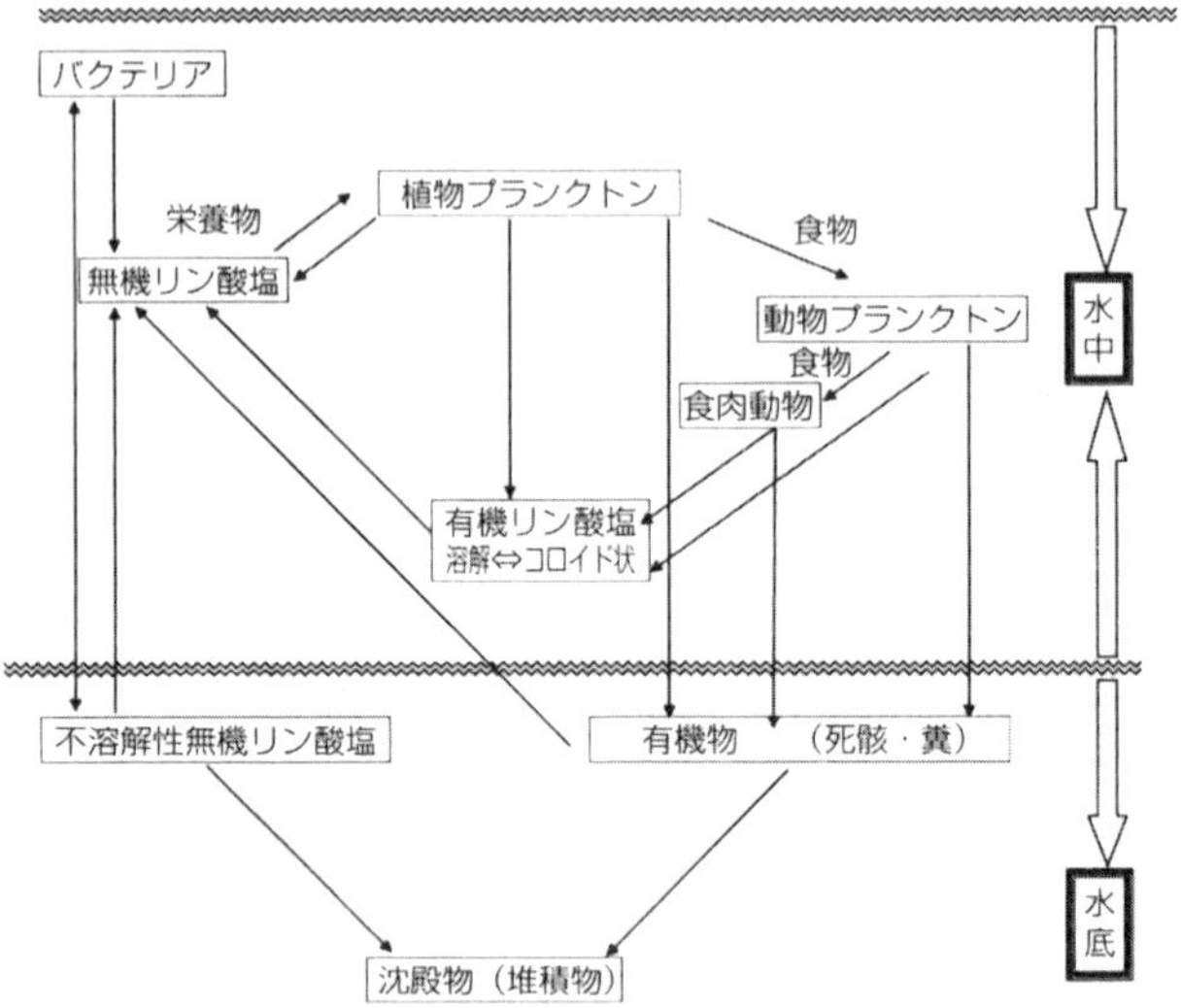

図 1-4　水中でのリン酸塩サイクル

トリポリリン酸ナトリウムを含む洗濯排水が湖に大量に流入した結果、湖水に栄養の富化が生じ、植物プランクトンの異常増殖が起こり、特に緑藻類、藍藻類などが水面を覆うようになった。また、黄金藻類や渦鞭毛藻類が増殖すると水面は赤色や赤褐色を呈するようになり〝淡水赤潮〟と呼ばれている。藍藻類が増殖するとアオコと呼ばれる水の華が水面を覆うようになりカビ臭の原因ともなり、水利用に大きな問題を発生させることにもなる。これら藻類が異常増殖すると枯れた藻類の分解に水中の溶存酸素が消費され、湖水は部分的に酸素欠乏状況を呈し、魚介類に大きな被害を発生させることにもなる。

東京湾や瀬戸内海などで海水の富栄養化が起こると海面を赤色にするプランクトンが異常増殖するため〝赤潮〟が発生する。海面を赤色にするプランクトンのほか褐色や緑色を呈するプランクトンもあるがいずれも赤潮（redtide）と呼ばれている。わが国において発生する赤潮プランクトンとしてシャットネラ・アンチカやシャットネラ・マリーナなどがある。これらプランクトンが大量発生した赤潮現象としては、一九六〇年代後半から一九七〇年代にかけて広島湾や播磨灘で初めて大規模に発生し、養殖ハマチの大量死を招いた。増殖したプランクトンの大量死したものを魚がエラに詰まらせ窒息したり、大量死した赤潮プランクトンの分解に海水中の溶存酸素が使われ、水域全体に酸欠状態を呈することより魚の大量死を招いたものである。このような赤潮現象は、近年常習的に発生している。原因は、農業や家庭生活、養殖魚業、工業排水などの人間活動によって赤潮プランクトンの増殖に必要なリンや窒素などの栄養塩類が過剰に閉鎖的海域に流入することである。赤潮による海の汚染を防止するには、海洋汚染防止法など種々の法的規制や原因物質の発生場所が特定されている養殖場などでは、その底土の適正な除去をとおして汚染防止を図っていかなくてはならない。青潮と呼ばれる現象が内湾などの閉鎖海域に発生し、魚介類に大きな被害を及ぼしたとする報道を目にすることがある。これは赤潮の発生機構とは別なもので、赤潮が発生すると赤潮プランクトンが大量死し、それが海底に堆積する。これの分解には海水中の溶存酸素が消費されるが、底層水と海面水との交換が少ない場所では、底水層に酸素欠乏状態の海水塊を作り上げてしまう。偶然低気圧などによって陸から海に向かう強風により海面近くの表層水が湾から外洋に向け動き始めると、それに変わり酸欠状態の底層水がその流れによって、海面に引き上げられていく。このような現象を青潮と呼んでいる。当然青潮中の魚類は死んでしまい魚業に大きな被害をもたらすものである。すなわち青潮の発生は赤潮とは異なるが人類の活動による海の富栄養化が要因となっていることが解る。

わが国においては、水質に関わる公害問題の多発を機に、昭和四十五年に「公害対策基本法」が制定され、昭和四十五年には、「水質汚濁防止法」が、またこれに基づき、昭和四十六年には、望ましい水質の目標を定めた「水質汚濁に係わる環境基準」が定められた。

この昭和四十六年の環境基準は〝人の健康保護に関する環境基準〟と〝生活環境の保全に関する環境基準〟の二つに分けて定められている。その後平成五年に昭和四十六年当時に比べ公共用水域の汚染が懸念される化学物質の増加に伴い、基準に係わる物質（項目）を大幅に追加

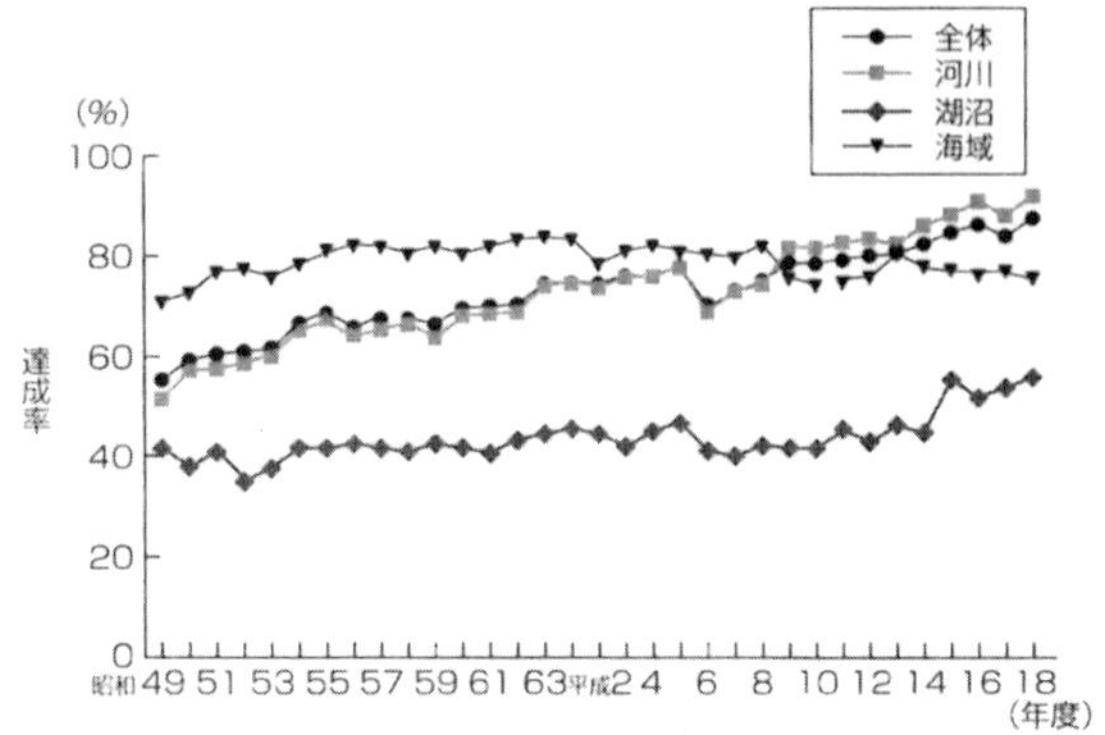

注1：河川はBOD、湖沼及び海域はCODである。

2：$達成率(\%) = \left(\dfrac{達成水域数}{類型指定水域数}\right) \times 100$

図1-5　BOD、CODの環境基準達成率の推移

し二六項目として環境基準が制定された。

〝生活環境基準〟は水域を河川、湖沼、海域に分け、さらにおのおのを利用目的に対応させ、水域の類型によって、BOD（COD）、SS（浮遊物質量）、DO（溶存酸素）、大腸菌群数などの指標によって基準値を定めている。また、富栄養化を防止するため平成五年に湖沼、海域について、窒素とリンに対する環境基準値が設定された。

　工業排水に関しては、重金属類が水質汚染物質の主たるものであったが、それ以外に金属化合物、有機化合物、酸、アルカリ類なども汚染物質として上げられている。これら汚染物質の発生源が工場における生産工程からのもので、工場排水ということになる。そこで工場や事業所から公共用水

域への排水に対し、これら水域の水質汚染防止のため昭和四十六年に「排水基準」が設けられ、カドミウムや鉛など二六項目が設定された。現在排水処理技術の進歩もあり、基準値達成率は九九パーセント以上を示すほどになっている。

およそ三五億年前、地球誕生から一〇億年を経て、海の中から地球に生命をもつ生物が誕生したといわれている。その中で永い年月を経て人類が誕生した。その誕生は、今から四〇〇万〜五〇〇万年前のことである。今、世界人口は、昭和五十五年当時から僅か四〇年でおよそ倍の七〇億人を超え、爆発的ともいえる増加をきたしている。かつて地球科学の研究者であるベルナドスキーが魚の大群、イナゴの大群を表現するのに移動性岩石と呼んだが、今日の人類は、ものを考える岩石、生産活動をする岩石と表現できるのではなかろうか。そしてこの爆発的な人口増加が地球環境に急速な変化を与え、そればかりか人類の生存に好ましくない環境を生み出しつつある。このような現状に直面し環境保全への取り組みが世界中で真剣に考えられるようになってきた。

さて、このように皮肉にも人類の活動によって海という自然環境は汚染され、美しい景観が損なわれるのみでなく、海水中に拡散したり海底に堆積した有害な化学物質によって、そこに生存する魚介類や哺乳動物に悪影響を及ぼすまでに至っている。

古代より日本人は、海からの産物を〝海の幸〟として大切にいただき、神様への神饌として供え、それら海産物が枯渇しないよう経験をとおして種々知恵をはたらかせてきた。そしてそれら海産物を人々の栄養源として持続的に摂取できるよう、海という自然に神の存在を認め尊崇し共生してきたのである。

海を生業の場とする海人族といわれる人々は、海流を利用し大海を移動し、大陸や朝鮮半島とも自由に交易をしてきた歴史がある。さらに海人族の漁撈の繁栄のため、その根拠地から船を操り磯伝いに移動し好漁場を求め移り住み、日本全国に多くの海人達の住む集落をつくり、その地域に漁撈技術や進んだ外国の文化を伝播してきた歴史もある。そこで日本人が古来、海とどのように接し、海人族と呼ばれた人々が日本文化にどのように貢献し影響を与えたかを古代における数少ない史料を基に以下の各章において考察し述べることにする。

第二章　海流に乗った人と文化の移動

二―一　古代における日本人と海

日本列島がアジア大陸と陸続きであったとされる、今から数万年前の時代は別として、四方が海に囲まれている現在のわが国の国土の姿を想定するなら、わが国への人や文化の移動は、どうしても海をとおしてもたらされたと考えざるを得ない。その道の一つは、南方の島々より黒潮の流れに乗っての移動、そして今一つは、朝鮮半島から対馬を経由する経路、また大陸から東シナ海を経由する海路もあったことだろう。さらに北方からの人や文化の伝来の路の存在も考えなくてはならない。いずれにしても当初は、舟の難破によって漂流、漂着した彼等が漂着した地方に彼等の文化を伝えたに違いない。

今日、西日本の日本海側の海岸には、朝鮮半島由来の廃棄物が毎年大量に打ち寄せられ、環境破壊の一つにも上げられるほどである。調査によると、朝鮮半島から放流された調査資料が僅か二〜三日で山陰地方の海岸に到達することが判っている。

また太平洋側にも（『日本書紀』垂仁紀二十五年春三月の条）に次の記述がある。

　時、天照大神誨㆓倭姫命㆒曰、是神風伊勢國、即常世之浪重浪歸國也。傍國可怜國也。欲㆑居㆓是國㆒。

どうして東方より浪が打ち寄せることが良いことなのか、現代人には理解に苦しむところだが、古代人は海のかなたに不老長寿で豊かな国の存在を信じ、そこを常世《とこよ》と称し理想郷としたとされている。中国における〝神仙思想〟では、その理想郷としての蓬莱山は東方の渤海（黄海）に存在すると信じられていた。そこで伊勢の国の東の彼方の黒潮の流れる海から絶えず浪が打ち寄せ、海の幸が豊富で珍しい物が打ち寄せられる（寄物）温暖な国伊勢は、誠に良い国と記したものと思われる。

柳田国男は、伊勢湾の入り口に位置する愛知県の伊良湖岬において、明治三十年の夏、風の強く吹いた翌朝、砂浜に遠い南の島のいずこからか流れ着いた椰子の実を幾度となく眼にして

図 2-1　南房総館山市香取付近の海岸

いると記している。これらの記述はわが国への海流に乗った人と文化の伝播を考える上に重要な資料といえよう。

太平洋側の海をとおって日本列島を西から東へと移動したとする古代の史料が存在している。それは大同二年（八〇七）斉部広成によって編纂された歴史書の『古語拾遺』である。そこに天富命が阿波の斉部氏を分かち率いて東国に移り住んだことが述べられている。

好麻所レ生。故、謂二之総國一。阿波忌部所レ居、便名二安房郡一。天富命即於二其地一立二太玉命社一。今謂二之安房社一。故、其神戸有二斉部氏一。

この天富命が房総半島の先端の、現在安房神社が鎮座している館山市香取という地に西の海から上陸したとする伝承が今日まで残っている。これは、古代日本の西南地域から東国への経路の一つに黒潮の海路の存在を推測するに値する大きな史料である。

また、

東有二美地一、青山四周。

（『日本書紀』神武紀）

武内宿禰自二東国一環之奏言「東夷之中、有二日高見國一。其國人、男女椎結文レ身、為人勇悍。是總曰二蝦夷一、亦土地沃壤而曠之。撃可レ取也。」

（『日本書紀』景行紀二十七年二月条）

とあり、東北南部に広々とした平野があり、肥沃で伊勢に違わず魅力的で理想的な土地がある。そこで東方常世としての理想郷の存在を、この東国に映し見たのではなかろうか。そして古代この常世とされる東方への人や文化の移動には陸路も考えられるが、他方黒潮の流れを利用し、舟により伊豆半島から房総半島など沿岸の磯伝いの海路の存在も推察せざるを得ない。

いずれにしても海流に乗った人や文化の移動を想定した場合、そこには当然ながら海をよく知り且つ操船技術に長けた人々の介在がなくてはならない。それは海に潜って魚や貝などを採って生活していた〝海人族〟の人たちに他ならない。これら海人達は、舟を操ることに巧妙で、海を渡って遠くの国からやってきたとも言われている。

さてわが国の古代史上に活発な海上交通があった事実を示す史実がある。それは朝鮮における〝白村江の戦〟である。これは天智天皇二年（六六三）朝鮮半島の百済国が、唐・新羅の連合軍に攻められるに至り、わが国への援軍要請をしたという史実である。この要請をうけ日本は、天智天皇によって阿曇連《あずみのむらじ》比羅夫《ひらぶ》、阿部引田臣《あべのひけたのおみ》比羅夫《ひらぶ》を将とする数万の兵と物資を舟により彼の地に送ったとされている。結果として百済と日本の援軍は大敗北を喫した訳だが、七世紀にすでにこのような大規模な人や物の輸送が当然のようになされていたわけである。さらに船による海上の移動については、『日本書紀』巻第九　氣長足姫尊（神功皇后摂政前紀）に新羅への出兵に関する記述がある。

冬十月己亥朔辛丑、従二和珥津一發之。時飛廉起レ風、陽侯擧レ浪、海中大魚、悉浮扶レ船。
即大風順吹、帆船隨レ波。不レ勞二艣楫一、便到二新羅一。

『日本書紀』巻第十　誉田天皇（応神紀九年四月条）には、甘美内宿禰《うましうちのすくね》が兄である武内宿禰が筑紫を割いて取り、三韓を自分に従わせ、天下を取るといった野心を持っていると天皇に讒言し兄を排除しようとした。これを知った武内宿禰は大いに悲しみ、秘かに筑紫を避けて船で南海を廻って紀伊の港に泊り、やっとのことで天皇に無実を訴えたとある。

時武内宿禰、獨大悲之、竊避二筑紫一、浮海以従二南海一廻之、泊二於紀水門一。僅得レ逮レ朝、乃辨レ無レ罪。天皇則推三問武内宿禰與二甘美内宿禰一。於是、二人各堅執而争之。是非難レ決。天皇勅之、令下請二神祇一探湯上。

このように、現在我々が想像する以上に古代に活発な海上交通が行われていたものと思われる。白村江の戦で将となった阿曇氏や阿部氏は、共に水軍の将であり海人部の民の統率者でもあった。海人部の民達は通常漁労を営み、事が起こると水軍として働いた。これら海人部の民は、操船技術に長け、九州から伊豆半島、房総半島さらには東北地方におよぶ広範囲にその分布が認められ、特に伊勢湾周辺、瀬戸内海、北九州、若狭湾、能登あたりに多く居住していた。

『魏志倭人伝』に、つぎのようにある。

人好捕二魚鰒一、水無二浅深一皆沈没取レ之。

このように彼らは、潜水漁によって魚貝を捕る特殊な技術をもっており、海上に於ける移動も、彼等の巧みな操船技術を駆使して、沿岸磯伝いに好漁場を発見開拓していくことも可能であったと考えられ、彼等の行動が人や文化の伝播に大きく貢献したものと推察される。

二―二　中世における海上交通

また時代が下って中世に入ると、伊勢神宮や熊野社などは、全国にそれぞれの所領を持つようになった。建久三年（一一九二）八月の『二所太神宮領注文』によると、神宮の神領は東国に集中して存在し、神戸《かんべ》、封戸《ふこ》、御厨《みくりや》を加えると、紀伊半島、知多半島、渥美半島に囲まれた伊勢湾域に一〇二箇所と最も多くを占めていた。この神戸、封戸は、古代律令制下において特定の神社に与えられた民戸のことで、これら民戸は、本来課せられる祖、庸、調などの税が全て当該する神社に奉献すると共に、当該神社に関わる諸々の労役義務もあった。そのうちの御厨についてみると、伊勢湾域に次いで駿河、伊豆、相模、武蔵、安房、上総、下総、常陸の国に総数一五箇所の多くを数えることができる。しかもこれらは、いずれも太平洋岸の国々ということが判る。

この御厨については源頼朝によって、元暦元年（一一八四）正月の武蔵国大河土御厨、同年五月には同国飯倉御厨、そして安房国東條御厨の三箇所が神宮に寄進されたことが明らかになっている。

源頼朝が治承四年（一一八〇）八月に伊豆において挙兵するわけだが、それと同時期に紀伊においても熊野の権別当湛増《たんぞう》も蜂起した。治承四年四月に平氏追討の以仁王《もちひとおう》の令旨をもって、源行家が京の都を発ったことを聞き知った湛増は、親平氏方の本宮、田辺方の凡そ一〇〇〇人を率い、親源氏方の新宮、那智方凡そ二〇〇〇人と新宮港で戦ったが敗北を喫してしまった。湛増は後に平清盛の後を継ぐ平宗盛にこの以仁王の令旨について報告した。その結果、同年五月二十六日、平氏方の追討により、以仁王は、源頼政や興福寺などの僧兵らと共に討伐されたのであった。しかしこの戦いは、結果として全国各地の源氏方に平氏打倒の機運を盛り上がらせるきっかけとなったのである東国における風雲いよいよ急となり、『吾妻鏡』養和元年（一一八一）正月五日条に次のような記述がある。

関東健士等廻二南海一。可レ入二花洛一之由風聞。（『吾妻鏡』）

このような噂が広まる中、平氏方は、源氏方の襲来に備えて平家の武将である伊豆江四郎を志摩国の警護に当たらしめた。

一方、湛増は、新宮港の戦いで敗北を喫した翌年、すなわち治承五年（一一八一）熊野地方の操船技術に長けた海人部の民達を熊野水軍として纏め上げ、熊野山衆徒と共に伊勢、志摩の沿岸地帯を盛んに襲撃する暴挙に出ていた。そればかりか湛増に率いられた熊野水軍や熊野山衆徒達は、五〇艘の船をもって伊豆江四郎の警護する志摩国英虞湾の陣を襲い大きな被害を与え、一時は平家の軍勢を敗走せしめる程の事態に至らしめたのである。しかしこれら湛増達熊野山衆徒も後には平家の一族である関出羽守信兼等によって反撃され、二見浦から熊野に引き上げたのであった。

さて、『吾妻鏡』に勢いにのった源氏の軍勢が太平洋岸の海路を通って東国より南海を廻って京の都に攻め入ってくるとの噂が広まったと記されているが、この記述からすると当時、東国から西国方面への太平洋沿いの海上交通路の存在が当然となっていたように窺え、東国から海路を経た都への通路もしっかりと確立されていたものと考えてよいのではなかろうか。

治承四年、熊野の権別当湛増が図ったこれらの戦は、結果として平家方の勝利となったが、頼朝は、この戦によって海上交通路の軍事的、政治的重要性を深く感じ取り、海上の要地に多くの神領地である御厨《みくりや》を有する伊勢の神宮との関わりを強く意識したのではなかろうか。神宮への尊崇の念を深くして、前述の三箇所の御厨を神宮に寄進したものと思われる。一方で神宮側は、津や泊などいわゆる海上交通上の要所となる神領の所有に大きな関心を持ち、海上交通の安定確保を希求していた。

建久七年（一一九六）四月十五日付、大内人荒木田神主より、内宮領である安濃津御厨の刀禰の中臣国行に向け、津・泊の煩い無く諸国を往反して交易を営むことを認める記述が「伊勢大神宮神主帖」（『神宮雑書』）に残されており、伊勢、志摩の神人が平安末期より津料や関料を免除され自由な海上交通の権利を背景に活発な交易をいとなんでいたことが窺え、津や泊をもつ御厨を所有することが神宮の経済的基盤に大きく影響を及ぼしていたものと推察することができる。

同様に当時大きな勢力を持っていた紀伊熊野の熊野社の神領地についてその全体像を詳らかにする史料は現存していないが、中世における史料がいくつか残存しており、その史料によって当時の熊野社の神領地に関して、若干窺い知ることができる。『百錬抄』寛治四年（一〇九〇）二月条に、白河上皇が「紀伊国一ヶ郡田畠百余町を熊野社に寄進」とされたことが、また『中右記』元永二年（一一一九）九月十七日条には、同様白河上皇より「紀伊、阿波、伊予、土佐、讃岐」の五箇国からそれぞれ十烟の封戸を熊野社に寄進されたことが示されている。

伊勢の神宮の東海道沿いに存在する御厨の数と比較すると、数は少ないが熊野社の神領地も東国に存在している。房総においては、上総国畔蒜南荘、下総国の匝瑳南条荘がそれである。これら東国の神領地よりの貢納物は、紀伊熊野まで如何なる交通の手段をもって運ばれたかについては、史料が存在している。それは上総国からの熊野山日御供米を三河国碧海荘内の諸郷に配分するとする書状である。

「熊野山日御供米碧海荘配分事」『紀伊続風土記』附録巻之十四永仁三年八月条（本宮社家二

階堂氏蔵）

熊野山日御供米碧海荘配分事

合四百玖五斗　　但　自　上総国畔蒜荘

至　于新宮津運賃雑用定

一一四石　占部郷　五石　小針郷半分尾藤兵衛六郎分

四二石八升　中　郷　四石二斗　榑戸郷

二九石八斗七升　村高郷　四石二斗　南小崎　三分の二

三五石三斗　下青野郷　一石一斗　同郷　三分の一

二四石七斗三升　宇禰部郷　一石一斗　牧内郷

四石四斗七升　薬師寺郷　三八石八斗九升　上戸郷

八石六斗五升　橋　良郷　一〇石五斗四升　大友郷

二石四斗七升　津々針郷

七石　　　　　　　　下　渡郷
七〇石五斗　　　　　長瀬郷
一石四斗　　　　　　宿石神郷

右　支配之状如件

　　　　　　　　　　　永仁三年八月　日　　　　僧　判

貢納物の米を運ぶため、遠く上総国畔蒜荘からの紀伊国新宮津に至る経路に太平洋の海路を用いておこなわれたことが解る。

このように海上の道は、中世になると軍事、経済に盛んに利用されていたことが明らかになった。

源平の戦いにおいても一の谷の合戦に源氏方が勝利すると合戦の主戦場は、屋島をはじめ海上での合戦となった。どちらかというと海戦にに不慣れな東国の武士団は、水軍を頼りにせざるを得なかった。そこに熊野の湛増率いる熊野水軍が二百余艘の船団をもって兵と共に田辺港を出立し、源義経を将とする源氏方に加担し、戦を勝利に導き壇ノ浦へと戦いの場が移っていくのである。まもなく壇ノ浦にて平家が破れ、ついに栄華を誇った平家も滅亡に至るわけであるが、これらの史実は海上交通が中世において軍事的に重要な役割をはたした証でもある。この海上を自由にかつ強力に移動することができ、各地の沿海地域に居住し統率されていた海人部の民は、水軍としておおきな力を持っていたのである。

二ー三　海人部の分布

海人部の分布は、日本列島の広範囲に亘っているが、それら海人部の民の移動を推察した場合、日本列島を南から北へと流れる黒潮の流れを考慮しなくてはならない。南方の海からやってきて日本列島に近づくと、実は黒潮は、台湾とわが国の先島諸島の間を抜けて一旦東シナ海に入り、その後鹿児島県の大隅半島と種子島の間を通り、九州、四国の東岸から房総半島の沖へと日本列島の東側を流れている。さらにこの黒潮の本流とは別に、東シナ海で別れ、対馬を通る対馬海流となって北上し日本海に入る海流もある。そこで海人部の民は、これらの流れに沿って好漁場を求め移動し、生活を立てていたに違いない。そして事ある時には水軍として働いたのである。

この海人部を統率していたのが、阿曇連《あずみのむらじ》であった。『日本書紀』応神紀三年冬十一月に以下のようにある。

處々海人、訕哤之不レ従レ命。即遣二阿曇連祖大濱宿禰一、平二其訕哤一。因為二海人之宰一。

（『日本書記』巻第十）

安（阿）曇連は、北九州志賀島一帯を本拠地とし、後に瀬戸内海を経て四国、熊野、志摩、伊勢、尾張から黒潮洗う伊豆半島や房総半島に至り、一方で日本海側では、山陰、若狭、能登を経て佐渡へ、また対馬、壱岐、隠岐にも進出し、その文化を伝えた。さらに海岸部のみでなく山間部まで入り込み文化を伝え各地に安曇氏縁の地名を残している。海部郡、安曇、安積、渥美、温海などの地名がそれである。

また阿曇連は、前述の白村江の戦以前に比羅夫が正百済使に任命されており、白村江の戦いでは、将軍として百済の援軍として朝鮮に赴いた。このように海人部の民を統率した安曇連は、瀬戸内海の海上交通路はもとより大陸への海上交通にも明るく非常に大きな力を持っていたものと思われる。

尚、白村江の戦いで阿曇連と共に百済の援軍として朝鮮に赴いた一方の将軍は、阿倍引田臣比羅夫もまた水軍の名将であったことが記されている。

阿倍臣、率㆓船師㆒一百八十艘、伐㆓蝦夷㆒。（斉明四年夏四月）

遣㆓阿倍臣㆒、率㆓船師㆓二百艘㆒、伐㆓粛愼國㆒。（斉明六年三月）

（『日本書記』巻第二十六）

近世になると海に関係する人々の移動に関する史料は、多く残されており、その実態も明らかになってくるのである。

二－四　紀州漁民の東国への移動

紀州漁民の伊豆や房総での活躍については、よく知られるところである。先ずは好漁場を求め季節的に太平洋側の黒潮洗う荒磯地帯を経由地にして、鰹や鰯漁に出漁し、漁が終わると彼

図2-2　鉈切神社

等の故郷紀州に帰るといった出漁形態をとっていた。鰹は一本釣り漁、鰯は大きな網を用いる漁法であった。これら紀州漁民は元をただすと海人部の民達で、古代、中世における水軍の末裔でもあった。

鰹の漁獲法は、一本釣り漁法で、房総半島先端館山西岬に鎮座している鉈切神社の洞穴遺跡には、縄文時代後期と思われる骨角製釣り針等の漁労具がみつかり、鰹や鯛などの魚骨も多く出土しており、太古より鰹が漁獲されていたことがわかる。

ちなみに『延喜式』によると、都への鰹の貢進国として安房国がその一つに数えられている。

後世における、この鰹漁に関する紀州漁民の季節限定型出漁は、一六〇〇年代初頭から行われていたことが知られている。尚、関東における鰹漁場を開

図 2-3　鉈切神社洞穴出土の鹿角製釣針等

発した紀州漁民は、その後さらに好漁場を求めて東北の三陸沿岸にまで進出し、それらの地元に一本釣り漁法を伝授し、東国における漁業の発展に大きく貢献したのである。

さて紀州漁民の東国へ進出がなされた当初は、季節限定型の漁労をおこなっていたが、やがて出漁してきた紀州漁民の一部には、故郷に帰らず、新漁場近くの土地に定住して先進的な漁獲法を教授しつつ漁業を営んだものも現れるようになった。房総においては、漁業を営む旧家といわれる人々の大部分が紀州出身者といわれるほどである。

鰯は、多くの魚の餌になると共に江戸時代には、干鰯、〆粕として農業用肥料に多用されるようになった。この鰯の漁獲法としては、近世初めから一七世紀の中ごろまでは、八手網漁といって、海中に大きな網を広げ敷くように投げ入れ、網の上に入ったさかなを包み込むようにして船に引き揚げる漁法であり、何艘もの船が必要となり、漁師も数十人がかりの大規模で集団的漁法であった。この漁獲法を伝えたのは、紀州漁民大甫《おおうら》七重郎《しちじゅうろう》で、房総半島の矢ノ浦に本拠を置き大々的に漁業をいとなんだのである。その後、漁業資源の豊富な外房九十九里浜の砂浜で地曳網による鰯漁が行われるようになった。初めにこの地曳網漁が九十九里浜一帯に伝わったのが弘治年間（一五五五～一五五八）と伝えられ、やはり八手網漁と同じく紀州漁民によってもたらされたとされている。その後この地曳網漁を盛んにし大規模に始めたのが紀州の西宮久助であった。九十九里浜一帯での鰯の地曳網漁はますます盛大となり、嘉永年間（一八四八～一八五四）の記録によると、干鰯がおよそ四〇万俵、〆粕が四三万俵と高い生産高を示している。

鯛や鯨漁もやはり紀州の漁民が東国に伝えたものである。鯛については、栖原屋角兵衛《すはらやかくべえ》によって桂網《かつらあみ》を用いた漁法がつたえられ、その漁場は、東京湾口の洲崎一帯から最終的には内房の富津竹岡に根拠地を置き、大きな漁獲量と利益を得ていた。栖原一族はその後北海道開発にも関わり、一族の繁栄は誠に目覚しいものがあった。

鯨については、前述の房総半島先端の縄文遺跡より鯨の骨や加工品とみられるものが出土しており、古代において既に鯨が利用されていたことが推察される。この場合の鯨の漁獲法は決して積極的なものではなく、浜に迷い込み動けなくなったものを〝寄鯨《よりくじら》〟というが、これを捕

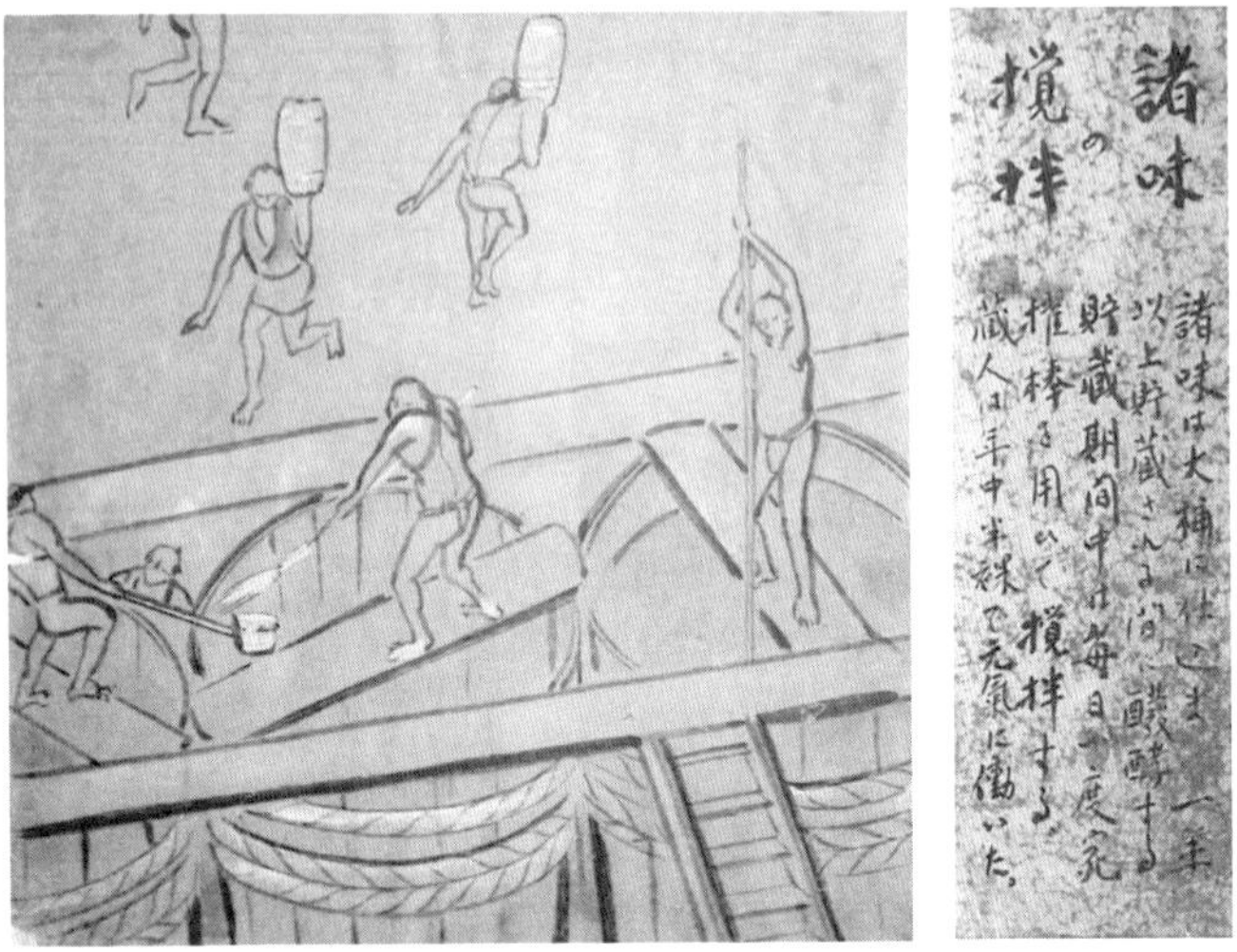

図 2-4　諸味の攪拌図

獲し利用していたものと思われる。この捕鯨が関東において積極的に行われるようになったのは江戸時代になってからであり、やはり紀州出身の醍醐新兵衛によって伝えられたもので、房総半島の安房勝山に根拠地を置き、いわゆる〝突漁〟という漁獲法によって鯨を組織的に捕獲するようになった。現在でも安房勝山よりさほど遠くない房総半島先端部に位置する外房の和田浦に小型の鯨の捕鯨基地があり、数は少ないがわが国の伝統食である鯨を捕獲している。

また、漁業ばかりでなく、今日世界的な調味料の一つとなっている味噌や醤油も、同様に紀州より黒潮のながれに乗ってその製法が房総に伝えられている。

醤油の原型は、今からおよそ三〇〇〇年前、中国において粟麹を用いてつくられた肉醤とされ、その後『古事記』や『日本書紀』にも記述のある小麦を用いた穀醤が作られるようになった。仏教のわが国への伝来と共に伝えられたものと考えられるが、この醤は、どろどろの粥状のものであったが、わが国の食文化の中で永い年月を経て江戸時代に、今のさらさらの状態のものになったといわれている。

この醤油の発見は、中国で修行した僧覚信が建長六年（一二五四）金山寺味噌の製造法を日本に持ち帰り、紀州の湯浅町でこの味噌づくりを行ったところ、味噌樽の中に溜まった上澄液を見つけ、この液体を用いた料理が大変美味であることを発見したことが始まりであったとされている。現在、千葉県銚子市のヤマサ醤油が世界的な企業として醤油を製造している。この企業の創始者である濱口儀兵衛は、紀州広川町出身者で正保二年（一六四五）に製造を始めたものである。

このようにわが国において古代より海人部の民達は、漁撈生活のみでなく、ある時は外国との交易に、またある時には水軍として大海を縦横無尽に駆け巡り、また新しい文化の伝達者として日本各地にその文化を伝播させる働きを担っていたといっても過言ではない。

第三章　海人部の民と神饌

三―一　神　饌

日本全国、津図浦々に祀られている神社における〝祭〟では、必ず米、塩、酒の他、その地方において採れる最高の食べ物を神饌として神に供え、神に召し上がっていただき、さらに〝祭〟に奉仕をした人々は、〝祭〟の後にそのお下がりをいただき、神と人とが食を共にして一体となり、神の霊力をいただこうとする直会《なおらい》という儀式を行ってきた。近年に至りこの直会の儀式では、神に供えた神饌のお下がりを調理していただく古くからの伝統的形式に則ったものから、社会環境の変化など諸事情により、祭りに奉仕した人々が持ち寄った料理だったり、店で作った握り寿司など、既に出来上がった食べ物をもってするなど、本旨を外れた形式に変わってしまった神社が大部分となってしまったようにみうけられる。

本来、天皇の皇位継承時に行われる最も重要な国家的祭儀である〝大嘗祭〟において、皇祖である天照大神を大嘗祭のために設けられた大嘗宮にお招きし、内容の詳細については今日でも詳らかにされていない秘儀であるが、神饌に悠紀、主基の斎田で育てられた新穀等を献じ、天皇自らが大神と共に食事をされる儀式がある。〝祭〟における神饌、直会の主旨は、この大嘗祭の儀式にあるものと考えられる。

今日、各神社の祭りには、特別な神社における特別な神饌は別として、概ね米、酒、塩、水、餅、海産物、農産物が主として神に供えられている。日本人は、古くから形としてではなく、日本人の生活規範として畏敬の念をもち、信仰の対象として〝かみ〟を崇めてきた。すなわち神は人々の身近に存在し、人々は、常に神と共にあるとする、人と神との関わりを、一つの世界空間中に捉えてきたのである。われわれ日本人は、このような神観念を持っていたので、神に捧げる神饌も人々が食べる食物と同様に、あるものは生で、また、あるものは火を加えたり味付けをしたりしてきたのである。明治時代以前には蒸し米にした御飯や御粥それに煮物、吸い物、魚介類を切り身にして天日干しにした干物など、塩や醤、酢などで味付け調理した所謂熟饌《じゅくせん》といわれるものが主に神饌に供されていた。しかしながら明治八年〝式部寮〟「神社祭式」の制定、布達の後、神饌は、基本的には手を加えない生饌《せいせん》といわれる生でそのままの姿の一三種類のものに定められた。すなわち和稲、荒稲、塩、水、酒、野菜、海菜、海魚、川魚、野鳥、水鳥、餅、菓子である。尚、これらについては、旧社格によって品目や奉奠台数についても細かな定めがなされた。

伊勢神宮の三節祭と呼ばれる大祭は、六月と十二月に執り行われる月次祭《つきなみさい》と十月十七日斉行の神嘗祭《かんなめさい》の年中三度の祭りのことである。この三節祭の中で最も重い祭りとされる神嘗祭における神饌をみると、三〇種類もの多種多様なものが供えられ、『延喜式』に記載されているものよりはるかに多くのものになっている。この神嘗祭の神饌は〝由貴大御饌《ゆきのおおみけ》〟といわれている。

伊勢神宮神嘗祭の由貴大御饌

（1）飯　（白米を甑で蒸したもの）
（2）餅　（小判型の平餅一〇枚）
（3）塩　（荒塩を焼き固めた堅塩）
（4）水　（水一盛）
（5）身取鰒・玉貫鰒（干した熨斗鰒〝薄鰒〟を切って藁で編んだもの）

（6）鰒　（大きな生鰒五貝の内臓を取り去り塩で揉んだもの）

（7）乾鯛　（鯛一尾を姿のまま天日干ししたもの）注：以後天日干ししたものは〝乾〟を頭に付す

（8）鯛　（四五センチの鯛一尾を四つ切にした切り身）

（9）乾伎須《ひきす》　（きす尾頭付を乾かしたもの一五尾）

（10）乾梭魚《ひしゅんぎょ》　（かます尾頭付乾かしたもの五尾）

（11）鰕《えび》　（蒸した伊勢えび三具）

（12）乾栄螺《ひさざえ》　（貝殻、内臓を取り去り乾かしたさざえ二〇個）

（13）海参《きんこ》　（乾かした海鼠三匹）

（14）乾鮫《ひさめ》　（長方形に切って乾かした鮫三枚）

（15）乾鯥《ひむつ》　（鯵のひらき一〇枚）

（16）乾鰹　（鰹節一〇本）

（17）鯉　（生の姿のまま一尾）

（18）乾香魚《ひこうぎょ》　（乾かした鮎一五尾）

(19) 野鳥　(鶏の生の片身)
(20) 水鳥　(鴨の生の片身)
(21) 海松《みる》　(一握り)
(22) 紫海苔　(浅草海苔一〇枚)
(23) 蓮根　(節の部分を切り取ったもの一本)
(24) 大根　(丸のまま一五センチ程に切ったもの三本)
(25) 梨　(一個)
(26) 柿　(三個)
(27) 白酒　(三寸土器にて三盛)
(28) 黒酒　(三寸土器にて三盛)
(29) 醴酒《れいしゅ》　(三寸土器にて三盛)
(30) 清酒　(三寸土器にて三盛)

酒以外の神饌については、四寸や五寸の素焼きの土器に柏の葉を敷き、そこに盛り付けている。以上の供え物に白木の箸一組を付け神饌としている。

三－二　海人部の民と神饌

この神嘗祭における由貴大御饌の三〇種もの神饌の中で特徴的なことは、海産物の種類の多さである。塩まで含めると一六種類もの神饌が海からのものであることがわかる。特に鰒は、最も重要な神饌として扱われ、志摩国の神戸すなわち国崎の海辺に住んでいた海人達によって採られ、神宮に納められていた。この国崎の鰒については、倭姫命が御贄の地を探して巡幸されたとき、磯辺で潜水して鰒を採っている海女を認め、神宮への御贄を納める「由貴の潜女」としたと伝えられている。このように太古より潜水して魚介類を採る海人族の民が伊勢・志摩の磯辺に既に住み着いていたということで、興味深い古伝である。なお明治時代以前には、伊勢神宮内宮の荒木田神主、外宮の度会神主家によって三節祭の前には必ず贄海神事や荒蠣神事が行われていた。この神事はそれぞれの神主家の者が自ら海に入り磯辺で魚介類を採る神事であって、採った鰒等の貝類は、内宮、外宮の大神に献納するという伝統神事であった。このような伝統神事はこれら神主家の出自が伊勢・志摩の磯辺に住んだ海人部の民の末裔であり、祭

図 3-1　安房鰒取の図

祀に奉仕する家柄の誇りを表す象徴的神事と推考することができる。同様に重要な神饌としての干鯛は、三河国篠島の海人部の民によって神宮に納められていた。今でも伝統に沿ってこれらの地から神宮に供進されている。

「延喜斎宮式」調庸雑物条によると、毎年斎宮寮に諸国から納入される物品に安房国からの東鰒とある。潜水漁によって魚貝類を採る特殊技術をもつ海人部の民達は、好漁場を求めて彼等の本拠地であった北九州から伊豆半島や房総半島にまで進出し、その文化を伝えた訳であるが、「延喜斎宮式」調庸雑物条が記された古代に既に遠い東国に、海の路を伝って進出し、房総や伊豆、三浦などの磯部に住みつき漁労に勤しんでいたことが窺い見ることができる。

房総半島の先端部の磯辺の町には、現在でも潜水して

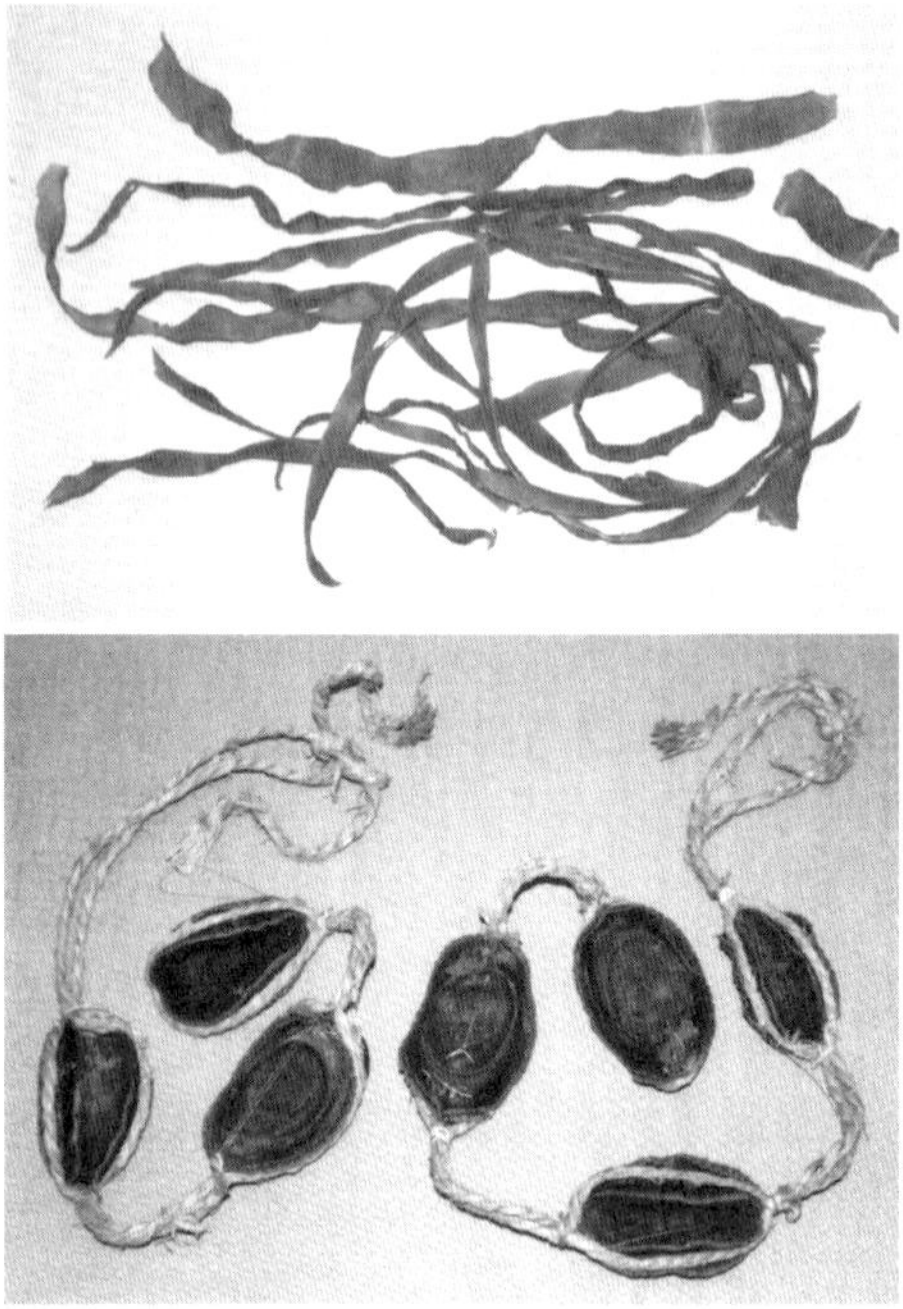

図 3-2　熨斗鰒

鰒やサザエ等を採る海女達が多く住んでいる。

安房国からの東鰒だが、これは神宮の神領である安房国の御厨からのものであるが、輸送の距離から推察するに生ではなく、天日干しした鰒と考えられる。

平治元年六月一日

奉レ寄二伊勢大神宮一給

（麻呂御厨　朝夷郡に有り、延喜式にある東鰒とあるもこの地の産なり、毎年八苞づつ神供料を出す）

（房総叢書　昭和十八年）

房総半島の太平洋に面した岩礁地帯に位置する勝浦市の海蝕洞穴遺跡には、鰒の貝殻が層をなして発見されており、房総が古代より鰒の大産地であったことが窺がえる。それを裏付けるように、平城京跡から出土した天平年間の多数の木簡には、房総から東鰒が京に貢納されたと記されている。このように鰒は、古代から特別の海産物としての位置付けがなされ、神への供え物として最も重要な物の一つとなっていた。

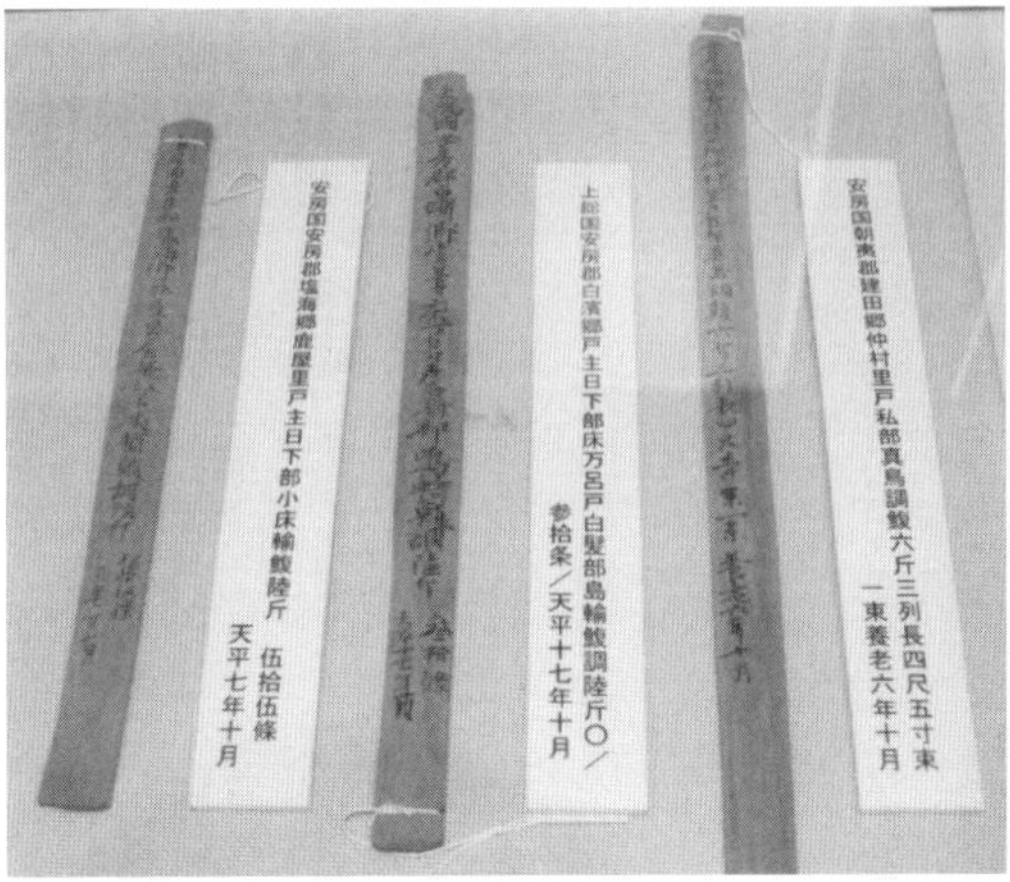

図 3-3　房総から国に貢進された鰒の記載がある木簡

鰹もまた神宮における由貴大御饌の一つであり、古くから神饌として神への供え物であった。この鰹漁は、房総安房の国では古代より鹿角製の弭を船から海に投げ入れ、これを引き回すことで鰹を釣り上げる一本釣り擬餌針漁法が海人達によっておこなわれていたことが伝えられている。なお、この漁法の起源は、景行天皇五十三年東国行幸時、伊波我牟都加利命《いわかむつかりのみこと》が安房の海でこの漁法で鰹を釣ったことに始まるとされている。房総半島先端部にある白浜沢辺遺跡から鰹等の魚骨擬餌針が出土しており、六〜七世紀前半に既にこの漁法が安房の海で行われていたことを裏付けるものである。

毎年、斎宮寮に納められる鰹の貢納国としては、「延喜斎宮式」調庸雑物条によると、伊豆からの鰹、鰹煎、駿河国からは煮鰹、志摩からの鰹が上げられている。この場合、ただ鰹とあるのは、素干鰹のことで、鰹煎とあるのは、鰹の煮汁を煮つめた状態のもので、当時調味料として使われていたものと思われる。また煮鰹は、鰹をよく煮込んだ後、日干しにしたものである。

時代が下って近世となると紀伊の漁民の房総における活躍に関する資料も多く残り、鰹の一本釣り漁もその一つである。

紀伊の漁民の漁の特徴は、季節限定型出漁で、季節的に太平洋の海路を通って北上し、漁が終わると海路故郷紀伊に帰るといった形をとっていた。鰹は、回遊魚で冬には南の暖かい海で生息し、その移動経路についてはいろいろあるが、主な経路としては、春になると南の海から黒潮に乗って北上し、四月には八丈島、五月には房総半島沖を通り、七月から八月にかけ三陸沖、そして秋になると北海道襟裳岬あたりに達し、そこで北上をやめ反転し戻ってくるという大回遊をする魚種である。

鰹の一本釣り漁は、当初個人による地先における漁法であったが、一六〇〇年代になると漁場の季節的移動に添って漁民も集団で移動し漁をするようになった。その中心は紀州の漁民で、房総における紀州漁民の大規模な出現もこの時期である。その出漁の形も、春に紀州より遠征してきて秋に帰るといった形をとっていたのだが、一六〇〇年代半ばになると、故郷紀州には帰らず房総の漁村に住み着いてしまう漁民も多く現れ、漁場を開拓し漁業技術を地元漁民に伝えた先達なのであった。

この紀州漁民達は、古代、中世における紀伊の水軍でもあり、海人部の民達の末裔なのである。この関東の磯辺に出現した紀州の漁民達は、さらに三陸沖にも進出し、盛んに鰹漁を行い、その漁業技術を伝播すると共に、後に加工品である鰹節の製法を伝えるなど、紀州漁民の東国進出は、東国における漁業の発展に大きく貢献したことは前章で詳述した。

三－三　斎宮寮とその財源

ここで斎宮寮といった組織名が出てくるが、その初見は、『続日本紀』の大宝元年（七〇一）八月甲辰（四）の条になる。組織の長は、伊勢の神宮の祭祀に奉仕する未婚の皇女で、伊勢の斎王《さいおう》また斎宮《いつきのみや》といわれている。この斎王は、天皇の息女（皇女）や姉妹（女王）、孫女から適任者が選ばれ、卜定されてからは、初め初斎院そして野々宮で三年間の潔斎の後、伊勢に下向するのである。この伊勢に下向することを群行という。その初斎院、野宮のそれぞれの時、職員が任命され、最後に伊勢に下向する年の七月に主だった役人が任命される形式をとっていた。すなわち斎宮寮という役所は、斎宮が伊勢に群行する直前に設置される官庁であって、大宝律令や養老令等の律令制の官庁にはない役所である。しかしながらその規模は、五百数十人ともいわれる職員を有する大きな組織であった。

斎王は、六月、十二月の月次祭そして九月の神嘗祭の年三回、伊勢の神宮に赴き祭りに奉仕するのだが、その他は、斎宮寮の内での神事を執り行っていた。さて、このような大きな規模の律令制にない官庁を運営していくために財政的にどのような仕組みになっていたかを考える上に、まず律令制下の国家の財政がどのような仕組みになっていたかを示さなくてはならない。

当時の国家の主な財源は、農民や漁民から徴収する租税であり、それらは、税の内容の違いから、租、庸、調、雑徭などに区分けされていた。それでは斎宮寮の財源はというとかなり細かに定められていた。

「延喜斎宮式」によると、墨、鍬、錦、砥、両面、鉄などの特殊なものは都の大蔵省などの役所に請求して取り寄せるが、その他多くの物品は、以下に挙げる諸国から納入させていた。すなわち伊勢、志摩、伊賀、尾張、近江、美濃、飛騨、上野、参河、遠江、駿河、信濃、日立、そして房総の安房、上総、下総の計一八箇国がそれである。

ちなみに海産物を取り上げてみるなら、伊勢国からは、煮塩年魚、鮨年魚、雑魚鮨、志摩国からは、塩、堅魚、雑腊、鮨鰒、雑鰒、海藻など、尾張国からは、雑魚、雑腊など、参河国は、鯛牧乾、鯛楚割、貼貝鮨、駿河国は、煮堅魚、伊豆国は、堅魚、堅魚煎、相模国は、腸漬鰒、安房国からの東鰒、などが記録されている。

斎宮寮の役人達の人件費は、概ね斎宮寮の諸収入の中から支出するのだが、一部、伊勢国の神税をもってまかなうものもあった。

およそ寮の官人以下の春秋の禄は、当国の神税をもってあてよ。（『延喜式』官人の禄の条）

それ斎宮寮の馬料は、神税をもって給へ。（「延喜式部省式」）

また、特殊な土器は、美濃国からのものをもってあてるとなっていた。

それでは、斎宮寮の人件費に関わる主な財源は何かというと、それは供田、外供田、墾田からの稲であった。

律令制の官制に入らない〝斎宮寮〟の財源について述べたが、「延喜斎宮式」調庸雑物の条に記されている海産物の種類をみると、京からも伊勢からも遠く離れた駿河、伊豆、相模、安房の国から斎宮寮の祭祀にあたり、神饌として供せられる鰒、堅魚などの中心的な魚介類が斎宮寮に納入されていることがわかる。これらの漁には、海人部の民達の漁獲技術が必要であることはいうまでもなく、既に古代に海人族の人々が、長けた操船技術をもって東国の磯辺に渡り定住し、潜水漁法や鰹の一本釣り漁法を営んでいただろうことが推測される。

三－四　海人部の民の東方への移動と大和朝廷

また、北九州に本拠地があった海人族の一つである宗像や、安曇の海人族の東方への移動は、三世紀ごろから始まったとされている。宗像の海人族も潜水漁法による貝類や魚の漁労を得意としていたが、弥生から古墳時代になり、その氏上は、遠距離の航海に力を入れるようになり、朝鮮半島や大陸との海上交通を盛んにし、製鉄技術を身につけ、鉄製の武器や漁具を独自に造り、強力な軍事力をもつ集団（水軍）となっていった。

時の大和政権は、京から朝鮮半島や大陸への海上交通路を安定確保するためにも、これら海上に於ける強力な航海術や軍事力を有する海人族を統率することが、大和政権の確固たる統一に必要不可欠なものであったにちがいない。

このようなことから大和政権は、四世紀から六世紀にかけ、玄界灘から瀬戸内海にいたる海域を活動の海としていた宗像氏や安曇氏などの海人族の氏上たちを畿内へ移住させる政策を推し進めたのである。この大和政権の政策により、宗像や安曇などの氏は政権と強く結びつく結果となり、安曇氏は、天皇の食事に関わる〝内膳司《うちのかしわでのつかさ》〟の奉膳職、宗像氏は、時の階級制度に照らすと上から二番目の〝朝臣《あそみ》〟の姓を賜り、宗像郡という神郡の大領（郡司）並びに宗像神社の神主として神社の責任者となった。

第四章　海人族と海の神々

四－一　安（阿）曇海人族

古代、わが国において海に生活の糧をもった人々の集団として、大きく二つの系統が存在していた。その一つは、綿津見の神を祀る安曇《あずみ》族であり、安曇の連等が氏の祖神として大切に信仰してきた神である。安曇磯良《いそら》が弥生時代に志賀島に住み着いたとされ、志賀の海人族と称されている。今一つは、田心姫命《たごりひめのみこと》、市寸嶋比売命《いちきしまひめのみこと》、湍津姫神《たぎつひめのかみ》の三神を奉斎する宗像《むなかた》族であり、宗像の海人と称されていた。宗像大社は、この田心姫命を祀る沖津宮、市寸嶋比売命を祀る辺津宮、湍津姫神を祀る中津宮の三社からなっている。沖津宮は、沖ノ島に、中津宮は今の宗像市大島に、そして辺津宮は、宗像市田島に鎮座されている。

太古より信仰の中心は、沖ノ島とされていた。この島は、玄界灘の真っ只中に位置し、九州から朝鮮半島や中国大陸への海上交通の重要な地理的条件を占めるわけで、かってこの沖ノ島

図 4-1　沖ノ島遠景

を経て朝鮮半島や大陸への海上の道を「海北道中」と呼んでいた時代もあった。

沖ノ島は、神の島ともいわれ、今日でも女人禁制となっており、島に上陸する場合には、厳しい禊が条件になっている。さらに上陸した者には、島内の如何なる物も島外に持ち出してはならないとする禁忌が厳格に守られている。

また、京に近い瀬戸内海には、住吉の海人族と称されていた集団が住み着いていた。この住吉の海人族は、大阪の住吉大社、福岡の住吉神社など全国に多く祀られている住吉神社のご祭神である、底筒之男神、中筒之男神、上筒之男神の三神を奉斎する海人集団で、その系統をみると安曇の海人族と同系統の海人族であることが推定されている。

安曇氏の祖とされる安曇磯良は、仲哀天皇の后で応神天皇の母である神功皇后が百済、新羅、高句麗の所謂三韓征伐の折、玄界灘から朝鮮半島への海路を案内し無事に朝鮮半島に導いたとされている。

航海の無事を祈願した志賀の神すなわち海津見の神を称える歌が『万葉集』に記されている。

ちはやぶる　鐘の岬を過ぎぬとも　われは忘れじ志賀の皇神　（『万葉集』巻第七）

安曇族は、弥生時代にどこから海を渡って志賀島に移り住んだかは詳らかではないが、一説によると中国大陸の呉国の出身ではないかともいわれている。すなわち大陸沿岸から船出して、沖合いを流れる黒潮、さらには対馬海流に乗って志賀島に漂着したのであろう。彼らは進んだ大陸の文化、特に進んだ航海術をもった集団であったに違いない。その安曇の海人族といわれる人々は、海神である綿津見三柱神を奉斎していたのである。

この綿津見三柱の神は、伊邪那岐命《いざなきのみこと》が黄泉の国から逃れ、筑紫国の日向の橘の小門《をと》の阿波岐《あはき》原《はら》に禊祓賜しときになりませる神達で、それぞれ海の底で伊邪那岐命がその身を濯《すす》いだとき

図 4-2　志賀海神社

に現れませる神の御名を底津綿津見神《そこつわたつみのかみ》、海の中ほどで濯いだときに現れませる神を中津綿津見神《なかつわたつみのかみ》、さらに海面において濯いだときに現れませる神の御名を上津綿津見神《うわつわたつみのかみ》と称し、この三神が、志賀海神社のご祭神として鎮座し海の守護神として崇められている。これらの神々は、太古には志賀島の北端部に、それぞれ表津宮、仲津宮、沖津宮として別々に祀られていたが、安曇磯良によって、島の反対側に位置する、〝海の中道〟近くの現在の志賀海神社の鎮座地に表津宮が遷座され、中津綿津見神、底津綿津見神ともに合祀されたと社伝にある。太古に祀られていた表津宮は現在表津宮跡として仲津宮、沖津宮は当時の宮地に志賀海神社の摂社として祀られている。

古代安曇族は、その海に関する知識や卓越した航海術、また、海の民を束ねる力を有していたことから、時の天皇より厚く遇されていたものと思われる。

『日本書紀』応神天皇三年十一月の条には次のように記されている。

處處海人、訕哤之不レ従レ命。則遣二阿曇連祖大濱宿禰一、平二其訕哤一。因爲二海人之宰一。

各地の海人を従わせ騒ぎを平らげたことにより、朝廷より海人の宰《みこともち》に任ぜられたとあり、大和朝廷の重臣の座を得ていたことが解る。しかしながら時代が下って第十七代履中天皇の御代になって、阿曇連濱子《はまこ》が淡路の海人を率いて住吉仲皇子《すみのえのなかつみこ》の反乱の謀に加担して捉えられ、死罪は免れたものの墨《ひたいきざむつみ》に科せられてしまったのである。

『日本書紀』履中天皇元年夏四月の条に次のように記されている。

夏四月辛巳朔丁酉、召二阿曇連濱子一、詔之曰、汝與二仲皇子一共謀レ逆、將レ傾二國家一。罪當二于死一。然垂二大恩一、而免レ死科レ墨。

この住吉仲皇子の反乱というのは、仁徳天皇の子である第十七代履中天皇を亡き者にしようとした謀で、この乱に加わった淡路の海人というのは、〝野島の海人〟と呼ばれる安曇の一族と考えられている。

また、時代が下り継体天皇二十一年（五二七）六月、大和朝廷は、新羅によって破られた朝鮮半島南部の南加羅、喙己呑《とくことん》を取り返し任那に合わせようと近江毛野臣《おうみのけなのおみ》を遣し六万の兵を率いて朝鮮半島に向かわせた。この時筑紫国造であった磐井《いわい》が、新羅と通じ、この任那に向かう毛野臣の兵を海上などにおいて遮り、また朝鮮各国からの毎年来る職貢船《みつぎものたてまつるふね》を欺くなど種々の妨害をしたため、天皇は、物部麁鹿火大連《もののべあらかひのおおむらじ》に背く磐井討伐を命じたと伝えている。ときに継体天皇二十二年十一月、大将軍となった物部麁鹿火大連は、筑紫の御井（現在の小郡市）付近において磐井軍と交戦し勝利したと『日本書紀』に記されている。この戦いの後、継体天皇二十二年十二月に磐井の子筑紫君葛子《つくしのきみくずこ》が、父の朝廷への反乱に対する罪よりのがれるため、現在の福岡県糟屋郡付近の糟屋屯倉《かすやのみやけ》を朝廷に差し出し、許しを乞おうとしたとされている。このように磐井の乱では、海上において大きな作戦が遂行されたわけで、それゆえ作戦遂行のためには強力な水軍力が必要となり、有力な海人族の力が必要とされるのは必然である。これを担ったのが海人族の安曇氏であったと推察される。それゆえ磐井の乱の失敗により大きな痛手を蒙った安曇氏は、その支配地であった糟屋屯倉を筑紫君葛子の下に朝廷に差し出し、許しを乞うたのではなかろうかと容易に推察される。

大和朝廷の中で重要な地位を得る等、天皇からも厚く信頼されていた安曇氏は、これら古代史のなかの大きな反乱事件に関与し、朝廷に反逆した行為により、その朝廷内における存在感を大きく失墜させることになったのである。

しかしながらその後、皇極天皇元年春正月乙酉の条に「百済の使人大仁《だいにん》阿曇連比羅夫　筑紫國より驛馬に乗りて來て言さく」という記述が『日本書紀』にある。

この大仁というのは、冠位で推古朝十二階冠位の第三に当たる位である。また、同じく『日本書紀』斉明天皇三年九月の条に、「西海使小花下阿曇連頬垂《せうくゑげあづみのむらじつらたり》・小山下津臣傴僂《せうせんげつのおみくつま》　百済より還りて駱駝一箇、驢二箇獻」とある。この小花下の位は、大化五年冠位第十に当たるものである。

尚、阿曇連頬垂については、天智天皇九年秋九月の条にも新羅に遣すと記されている。

天智天皇七年八月の条に「前将軍　大花下阿曇比羅夫連・小花下河邊百枝臣等、後将軍　大花下阿倍引田比羅夫臣・大山上物部連熊・大山上守君大石等を遣して百済を救はしむ。仍りて兵仗・五穀を送りたまふ」とあり、ここにも安曇族の名がみえるのである。

天智天皇元年五月には、「大将軍　大錦中《だいきんちゅう》阿曇比羅夫連等、船師一百七十艘を率いて、豊璋《ほうしょう》等を百済國に送りて、宣勅して豊璋等を以って其ノ位を繼がしむ」とある。

天智天皇二年八月、唐・新羅は、百済を滅ぼそうと〝白村江〟に軍船一七〇艘をもって陣を敷いた。そこで大和朝廷は、百済國を守るべく廬原君臣《いほはらのきみおみ》に一万余の健児《こんでい》を率いて海を越え、唐・新羅軍討伐に赴かせたのだが、大和・百済側は、先を争い気象をもかえりみず戦いを挑んだ為、大敗戦を喫してしまったのである。

この戦に阿曇比羅夫も参戦し、勇敢に戦い壮絶な戦死をとげた。百済王豊璋は、この戦いに一時行方知れずになったものの、後に生き残った百済國の重臣数名と船にて高麗に逃げのびたと伝えられ、その後、天智天皇二年九月　大和の水軍と弖禮城《てれさし》より発して日本に向かったと『日本書紀』に記されている。

また、天武天皇元年三月の条に〝内小七位阿曇連稲敷を筑紫に遣して天智天皇の喪を唐の使者郭務悰《かくむそう》に伝えた〟とある。さらに同じく『日本書紀』天武天皇十三年冬十月の条に次のように記されている。

詔曰、更改二諸氏之族姓一、作二八色之姓一、以混二天下萬姓一。

同年十二月の条に、安曇連は宿禰《すくね》という姓を賜り安曇宿禰となり、『姓氏録右京神別』には、安曇宿禰は、「海神　綿積豊玉彦神子、穂高見命之後也」とある。

ここに現れる八色之姓《やくさのかばね》というのは、真人《まひと》、朝臣《あそみ》、宿禰、忌寸《いみき》、道師《みちのし》、臣《おみ》、連《むらじ》、稲置《いなき》の八種の姓をいい、天武天皇の律令制度の確立の中で、従来の臣、連の中から特に天皇家と関係の深いもののみを上位として、新たに真人、朝臣、宿禰の姓を与えたものである。

そこで安曇連の家系を神話の中に探ってみると、安曇族が祖神と斎く綿積見命の子が穂高見命、豊玉毘売命、玉依毘売命であり、この豊玉毘売命の火遠理命（彦火火出見尊）との間に生まれた子の名が鵜葺草葺不合命《うがやふきあえずのみこと》となる。この命に豊玉毘売命の妹である玉依毘売命が嫁ぎ生まれた子が、神倭伊波礼毘古命《かむやまといわれひこのみこと》、後の神武天皇ということになり、即ち安曇連は、天皇家の親戚となるわけである。

朝廷への度重なる反乱により、およそ一二〇年もの間、時の中央政権からその名前が消えたかにみられた安曇氏は、このような天皇家との関わりの中に再び朝廷中で厚遇されるようになり高い位につくようになったことが解る。

慶雲年間から天応年間にかけ多くの安曇宿禰達が朝廷より位を賜っている。因みに文武天皇慶雲元年春正月の条に安曇宿禰坂持が、元正天皇養老七年春正月には安曇宿禰虫名が、聖武天皇神亀四年正月には安曇宿禰力がそれぞれ従五位下を、そして光仁天皇宝亀三年正月三日には安曇宿禰石成が従五位上を受位していることが『日本書紀』にみえる。また、孝謙天皇天平勝宝五年四月二十二日には、従五位下安曇宿禰大足が安芸守に、称徳天皇神護景雲二年六月二十九日には従五位下安曇宿禰石成が若狭守に、さらに桓武天皇延暦八年四月十四日の条には、従五位下安曇宿禰廣吉が和泉守にそれぞれ任官していることが認められる。

しかしながらこの安曇宿禰廣吉が和泉守に任官した数年後、安曇一族にとって思いもよらぬ事件に遭遇したのであった。それは延暦十一年に起きた内膳司《うちのかしわでのつかさ》内での奉膳職《ぶぜんしょく》をめぐる安曇氏と高橋氏との争いであった。結果として延暦十一年三月、内膳の奉膳であった安曇宿禰継成は、佐渡国へ配流されてしまうのである。

この事件は、もともと安曇氏が内膳司の奉膳の職を務め、膳臣（勝部臣）が次の位の職についていたのであるが、天武天皇十三年十一月に膳臣は、朝廷より高橋の姓を授かり安曇氏より一つ上の朝臣となった。それ以来、奉膳は安曇と高橋の両氏が交互に受け持つこととなったのだが、このことで両氏の間で争いが絶えず、延暦十年の新嘗祭の日に勅によって高橋氏が前、安曇氏が後とする序列が決められると、安曇宿禰継成はその決まりに従わず、とうとう職務に背き出去してしまったのである。

流㆓内膳奉膳正六位上安曇宿禰継成於佐渡国㆒、初安曇・高橋二氏、常争㆘供㆓奉神事㆒行立前後㆖、是以去年十一月新嘗之日、有㆑勅、以㆓高橋氏㆒為㆑前、而継成不㆑遵㆓詔旨㆒、背職出去、憲司請㆑誅㆑之、特有㆓恩旨㆒、以減㆑死、

（『日本後記』巻第一桓武天皇　延暦十一年〈逸文〉）

このように桓武天皇の特別な恩旨によって、安曇宿禰継成は、死罪を免れ佐渡島への流罪となったのである。

志賀島を拠点として、知り尽くした玄界灘から日本海を縦横無尽に走破し、朝鮮半島や中国大陸と行き来し、古代の日本に新しい文化を伝え、また、あるときには水軍として朝廷より重

用され、高い地位に就いて活躍した安曇氏は、平安時代に入ると中央の政権から姿を消していったのである。

四―二　宗像の海人族

次に宗像の海人族について述べると、『日本書紀』神代上第六段（本文）に天照大神に素戔嗚尊が神意をうかがう誓約《うけひ》をなしたことが記されている。すなわち、

是に、天照大神、乃ち素戔嗚尊の十握劍《とつかのつるぎ》を索ひ取りて、打ち折りて、三段に為して、天《あまの》眞名井《まない》に濯ぎて、𪗾然に咀嚼みて、吹き棄つる氣噴の狭霧に生まるる神を、號けて田心姫と曰す。次に湍津姫、次に市杵嶋姫。凡て三の女ます。

この誓約の後、素戔嗚尊に邪心なきことを知った天照大神は、生まれでた三の女神を素戔嗚尊に授け、これすなわち、筑紫の胸肩君《むなかたのきみ》等が祀る神とのたまうと記している。

このように宗像氏の名は、記紀編纂の中で神代の時代にすでに表れている。それ程古代大和政権にとって重要な氏族であったといわざるをえない。なお、胸肩（形、方）の表記は、『日本書紀』『古事記』に用いられているが、宗形と表記していた時代もあった。現在の宗像の表記は、今日、平安期以降と考えられている。

宗像海人族は、北九州筑紫国旧宗像郡をその本拠地とし、宗像大神すなわち三女神を奉斎する一族であることは既に述べたところである。

『日本書紀』神代上第六段（一書第二）に天照大神は、誓約の中に生まれた三女神を筑紫洲に降らせて、「汝三の神、道の中に降り居して、天孫を助け奉りて、天孫の為に祭られよ」とのたまうとある。この道の中というのは、海北道中のことで、筑紫国の北部から朝鮮半島への海路の道中を指すもので、その道中にある田島、大島、沖ノ島に三女神がそれぞれ一女神ずつ祀られ〝道主貴《ちぬしのむち》〟とされたと記している。そして田島（辺津宮）、大島（中津宮）、沖ノ島（沖津宮）凡てを総じて宗像大社が成っている。海の守り神、航海安全の守り神として今日まで篤い信仰を集めてきたのである。

さて四世紀末になると大和朝廷には、朝鮮半島や中国大陸との交易を行おうとする強い願望

図 4-3　宗像大社

があった。当時、玄界灘を越えて往返する航海がいかに危険なものであるかは、想像にあまりあるものがある。そこで当時の人々は、航海の安全を海の神々に祈願したであろうことは必然なことである。こうして北部九州から玄界灘を越えて朝鮮半島に渡る海路の「海北道中」に座す神、すなわち三女神からなる宗像大神は、海上交通の守護として朝廷にとって益々重要な存在となり、宗像大神は、一地方の神から国家的な神として尊崇されるようになったのである。

また、大和朝廷は、この「海北道中」を当時すでに実質的に掌中におさめていた海人族宗像氏との関係を深めておくことが、彼等海人族の優れた航海術を朝廷側に捉えることにもなり、大和朝廷にとっては、必要不可欠なものであった。

図 4-4　安房神社

宗像氏が祀る宗像大神の御神体島としての沖ノ島の祭祀は、四世紀末から九世紀にわたる大和朝廷による中央の国家的斎場として重要な場所となっていたことが、今日沖ノ島祭祀遺跡から発見された凡そ八万点もの奉献品からも証明されるのである。

宗像氏の大和朝廷との強い結びつきは、宗像の海人族が高い航海技術を有し、朝鮮半島や中国大陸への海路を熟知していたからで、朝廷にとって喉から手が出る程その力が必要であったことはいうまでもない。朝廷との結びつきがいかに強いものであったかは次のことからも理解できる。律令時代に入ると、それまで地方豪族等が支配下に置いていた領地などは、全て中央の大和朝廷の支配するものとなったのだが、例外があった。それは大化年間（六四五〜六四九）、全国の七神社に神郡の設置が認

図 4-5　香取神宮

図 4-6　鹿島神宮

図 4-7　出雲国意宇郡　熊野神社

図 4-8　紀伊国名草郡　日前・国懸神宮

められたのである。因みに伊勢国の度会郡と多気郡が伊勢神宮、下総国の香取郡が香取神宮、安房国の安房郡が安房神社、常陸国の鹿島郡が鹿島神宮、出雲国の意宇郡が熊野神社、紀伊国の名草郡が日前《ひのくま》・国懸《くにかかす》神宮のそれである。そしてその内の一社に宗像氏の信奉する宗像三女神を祀る宗像神社が九州でただ一社神郡の設置が認められ、宗像郡がそれであった。このことは、宗像氏と朝廷との関わりの強さを明確に表す事象であろう。

この神郡の設置が認められると〝租・庸・調〟などの税を、神郡設置が認められた神社の諸費用に当てることができることとなり、国家がいかにその神社を大切にしたかを窺い知ることができる。

七世紀に胸形君徳善の娘である尼子娘《あまこのいらつめ》と大海人皇子《おおあまのみこ》（後の天武天皇）との婚姻がなされた。そして天武十三年十一月（六八四）には、胸方君に〝八色の姓〟のうち上から二番目と位の高い「朝臣」の姓が授けられたのである。

『続日本紀』神護景雲元年（七六七）八月の条に筑前国宗形郡大領外従六位下宗形朝臣深津に外従五位下を授く。その妻无位竹生王《たかふのおおきみ》に従五位下とある。すなわち宗形朝臣深津は、王族である竹生王を妻としていたことになる。王族を妻とすることは、宗形氏が王族と特別な関係を有していた訳で、実は、斎明天皇元年（六五五）に胸形君徳善の娘である尼子娘と天武天皇との間に生まれた子が高市皇子《たけちのみこ》で、皇子の母が尼子娘という関係になるのである。高市皇子は壬申の乱において天皇に従い大きな功績を残したことより、後に大和朝廷の中で太政大臣にも任ぜられた皇子である。宗形氏という地方の豪族の娘を母に持ちながら政権の中で最高の長官を務められたことは、宗形氏と大和朝廷との関係が格別に密接であったことにほかならない。皇子の身罷った後も宗形氏は、その後裔との関係を保ち続けていたであろうことが窺い知ることができる。それは平城京跡の発掘調査の中で（一九八八年）、凡そ三万五千点もの長屋王家木簡が発見された。その中に筑前宗形郡大領からの貢進物があったことが記されている木簡が存在し、宗像氏と皇室との関係が継続していたことが証明されたのである。

このように宗形君徳善以降、宗形氏は皇室と親縁関係の中にあったことより、その後の宗像氏族の勢力の増大を生んだのであろう。

大化改新（六四六）において国郡の制が布かれ、宗像郡の郡の行政を司る郡司（大領・小領）が置かれ、これに宗像氏が充てられた。また以前より宗像氏は宗像神に奉仕する神主であったわけで、この時点から宗像氏は、宗像神社の神主と宗像郡の大領を兼務し、平安時代初めまでこの形態が続いたのである。

郡司には、三等身以上の者の連任は、固く禁じられていたが、宗像氏に関しては、『続日本紀』文武天皇二年（六九八）三月九日に次のように記述されている。

筑前国宗形・出雲国意宇の二の郡の司は、並びに三等已上の親を連任することを聴す。

このような例外的な扱いが為されたことは、やはり宗形氏と皇室との親縁関係に大きく影響をされたことが一因と推察される。

奈良から平安初期にかけて『続日本紀』、『類聚三代格』、『類聚國史』にみえる宗形朝臣は七名であり、宗形郡大領外正七位上宗形朝臣秋足以外のものは、全て外従五位下あるいは上に叙せられており、宗像の神主と宗像郡の大領をかねていた者と考えられる。

〝和銅二年（七〇九）五月五日、筑前國宗形郡大領外従五位下　宗形朝臣等杼に外従五位上を授く〟、〝天平元年（七二九）四月五日、筑前國宗形郡大領外従七位上宗形朝臣鳥麻呂に神齋に供奉すべきの状を奏す。外従五位下を授け、物賜ふこと数有り〟。これは、大領であると供に神齋供奉をすることの特別な昇叙といえる。〝天平十年二月、筑紫宗形神主外従五位下宗形朝臣鳥麻呂に外従五位上を授く〟。さらに〝天平十七年六月十四日、「筑紫國宗形郡大領外従八位上宗形朝臣與呂志」に外従五位下を授く、神護景雲元年（七六七）八月四日、「宗形郡大領外従六位下宗形朝臣深津」に外従五位下を授く、寶亀九年（七七八）四月十四日筑前國宗形郡大領外従八位上宗形朝臣大徳に外従五位下を授く〟とあり、いずれも『続日本紀』に記されている。以上は奈良時代でのことで、平安に入ると『類聚三代格』巻七　郡司事延暦十九年（八〇〇）十二月四日の應㆑停㆔筑前宗像郡大領兼㆓帯宗像神主㆒事の条に、大領兼神主外従五位下宗像朝臣池作十七年（七九八）二月二十四日卒去。とあり、『類聚國史』巻五十四　人部節婦　淳和天皇五年（八二七）三月の条に妻安良賣の記述の中に、宗像郡大領外正七位宗形朝臣秋足の名が見えるのである。

この秋足が従五位の位に叙されなかったのは、延暦十九年十二月四日の太政官符によって祭政分離の官符が下され、神主と大領を兼帯することを停められた。それまでは、宗像郡について述べるならば、宗形朝臣の誰かが宗像郡の大領に任じられたなら即日のうちに宗像神社の神主に補され兼帯することによって従五位の位に叙せられていた。しかしながらその官符の後は、宗像氏の中で大領に任じられる者と宗像神社の神主に補される者とが別に現れるようになった。そこで淳和天皇五年（八二七）にみえる宗像郡大領外正七位宗形朝臣秋足は、神主に補されなかったので以前慣例であったように従五位に叙されなかったものと考えられる。

この官符のもとになるものは、桓武天皇の御世に都は平安京に遷都されたわけだが、その中で綱紀の粛正が進められ、国司や大社の神主の怠慢を戒め、神事の厳正執行と私生活の刷新が宗像神社の神主と出雲大社の国造に強く要請されたことが『類聚三代格』に記されている。そして出雲大社に関しては、延暦十七年三月に出雲国造が出雲国意宇郡の大領兼帯を停止され、宗像神社では、延暦十九年十二月に宗像氏が宗像神社の神主と宗像郡の大領との兼帯を停止させられたのである。

四－三　住吉の海人族

古代海人族の一つに住吉の海人族がある。この海人族は綿津見三神の誕生と同時に出現した筒之男三神を奉斎する氏族である。そしてこの筒之男三神を御祭神とする社が住吉神社である。『日本書紀』神代上第五段（一書第六）に、「其の底筒男命《そこつつのを》・中筒男命《なかつつのを》・表筒男命《うはつつのを》は、是即ち住吉大神なり」とある。この住吉大神は、海人達が生活上望む豊漁の守り神という側面より、航海安全・海の守り神としての面から篤い信仰を得ていたものと考えられる。

また、『古事記』によると、「其の底筒男命・中筒男命・表筒男命の三柱の神は、墨江《すみのえ》の三前の大神なり」とある。墨江は古くは住吉《すみのえ》と訓ませたとされている。

『摂津国風土記逸文』によると次のように記されている。

所㆔以称㆓住吉㆒者、昔、息長帯比売天皇世、住吉大神現出而、巡㆓行天下㆒、覓㆓可㆑住之國㆒。時到㆓於沼名椋之長岡之前㆒、乃謂、「斯実可㆑住之國」遂讃称之、云㆓「真住吉々々國」㆒。仍定㆓神社㆒。

この逸文にある社が住吉大社である。また、住吉の神の荒魂は、穴門の山田邑に祀らしめよとの筒男三神の神宮皇后への誨へのたもうたことにより長門国豊浦郡現在の下関市に住吉神社を建立し、神主を穴門直《あなとのあたい》の祖、践立《ふむたち》を以ってすると『日本書紀』に記されている。

住吉三神を沼名椋の長岡峡（今の住吉大社の地）に祀ったのは、穴門直の祖、践立と津守連

図 4-9　住吉大社

の祖、手搓足尼《たもみのすくね》で、この地は足尼が住居していたところでもあり、そこに和魂《にぎみたま》を祀る社を建立し神主となったことが『住吉神代記』に記されている。

綿津見三神の誕生と同時に出現した住吉大神を奉斎したとされる海人族は、綿津見三神を祖神とし奉斎する阿曇海人族と同系統の海人族と考えられる。五世紀代の畿内にあった王朝は、より強大な政権を作ろうと大陸との交易を強く望んでいた。大陸との往還に関して云うなら、少しでも早く大陸から畿内に到達する海路が望ましい訳である。そこで発見された航路が沖ノ島を経由し瀬戸内海を経て河内に入る経路であったのであろう。河内に入るというのは、当時、大和朝廷というおおきな政権がそこにあったからである。この大陸との航路上の重用拠点に住吉神社が航海安全・海の守り神として祀られていることが分かる。

即ち河内の住吉大社、長門国の住吉神社、筑前の住吉神社、そして壱岐国、対馬国の住吉神社がそれである。

さてこの住吉大神の記・紀の中での初見は、神宮皇后の朝鮮出兵の際で、『日本書紀』においては、神宮皇后摂政前紀三月条である。

日向の国の橘小門の水底に所居て、水葉も稚に出で居る神、名は、表筒男・中筒男・底筒男の神有す。

とあり、同年九月条には、

既にして神の誨ふること有りて曰はく、「和魂は王身に服ひて壽命を守らむ。荒魂は先鋒として師船を導かむ」とのたまふ。即ち神の教を得て、拜禮ひたまふ。因りて依網吾彦男《よさみのあびこを》垂見《たるみ》を以て祭の神主とす。

とある。ここでの神は、住吉大神のことである。

神宮皇后の朝鮮出兵については、現在わが国の社会の教科書に見ることはほとんどできないが、朝鮮の史料『三国史記』にも記され、また、四一四年に建立された高句麗好太王により記された碑文によっても出兵は明らかな事象である。

神宮皇后朝鮮出兵の結果、新羅国平定の後、新羅国に住吉大神を「為㆓国守神㆒而祭鎮還渡世」とする記述が『古事記』にある。すなわち神宮皇后は住吉の大神を国守ります神としてこの地に祀り鎮めて、ヤマトに還ったとされる。さらに「祝《はふり》は、志加乃奈具佐《しかのなぐさ》なり」としている。この志加乃奈具佐という者は『日本書紀』にある磯鹿海人名草であろう。

第五章　海人氏族の移住

五－一　各地に移住した海人族

もともと海人は、基本的には海を生活の場としている人々で、操船技術にも長けているので好漁場をもとめて海上を移動することにはさほど大きな問題はない。

古代より海人族の根拠地とされる北九州から、日本海沿岸の各地、また、瀬戸内海や豊後水道を経て太平洋岸の各地に存在する好漁場に、季節を選んで漁に出かけていただろうことは容易に推測できる。日本列島で海人の定住した村の存在分布を見ると、図にあるようになる。ここに示した村々は、今日でも海女や海士が海に潜って鰒やサザエ等の貝類、ワカメなどの海藻を採っているところである。

三世紀に記された中国の史書『魏志倭人伝』に次のような記述がある。

今　倭の水人、好んで沈没して魚蛤を捕え、文身し亦以って大魚水禽を厭う。後稍々以って飾りと為す。

図 5-1　海女の分布図

この史書より古代既に潜水漁を得意とする海人族が北九州の沿海に住み着いていたことを窺い知ることができる。それらの海人達が好漁場を求めて、図にあるように、北九州の根拠地を離れ、各地に遠征し、やがて遠征先の土地に定住し、彼等の村を形成していったのである。

古代ではないが、これら海人の移住を伝える史実がある。

戦国時代に筑前鐘崎《かねさき》の海人が、能登の輪島周辺に毎年遠征しては外海で鰒やサザエを採り、秋も深まるころになると故郷の筑前に帰ってくるといった漁の形態をとっていたとされている。

その後、筑前の海人達は、能登の地元漁民に潜水漁法や魚貝類の加工技術を教えたりし、地元漁民と大変良好な関係を築き、結果として舳倉島《へぐらじま》や七ツ島の漁業権を加賀藩から許されたのである。さらに彼等の漁に都合の良いように海士町に居住の用に供する土地が与えられた。海士町に定住した鐘崎の海人達は、今度は毎年、春になると海士町から舳倉島に渡島し、秋が深まるまで潜水漁法で鰒やサザエ、テングサ等を採り、海士町に戻ると鯖や鰯の糠漬をつくり、能登の農村に運び米と交換して生活をしていた。この鯖や鰯を塩と糠で漬け込んでつくる加工食品は、〝へしこ〟と呼ばれ、能登や若狭など北陸地方の伝統的保存食品である。

鐘崎の海人に藩から漁業権を許された舳倉島は、輪島市の北五〇キロの日本海上にあり、周囲約五キロ、面積〇・五五平方キロの小さな島で輪島市海士町に属し、宗像三女神の田心姫命《たごりひめのみこと》を御祭神とする奥津比咩《おくつひめ》神社が祀られている。この社は延喜式内社にあてられる古社である。このように舳倉島は、筑前鐘崎の海人達が移住して漁業を営んだところであり、故郷宗像の大神を奉斎し篤い信仰を持ったのも必然である。

前述のように海人が移り住み、やがて農耕も営むようになると、そこに住居を建て一つの集団が形成され集落を成す。それが〝郷〟であり、さらにその郷の人口が増加し、同地域に新たに独立した新郷が発生し、大きな〝郡〟となるのである。このような経緯の中で多くの安曇郷、海部郷、阿万郷の存在が『和名類聚抄』に認められる。因みに安曇は、その関係の地名によく安住、渥美、温海、熱海、厚見、安角、安積などの字を当てて用いており、美濃の国厚見郡、三河の国渥美郡、尾張や豊後国海部郡、その他、隠岐や紀伊国にも海部郡を認めることができる。

尾張国の海部郡には、市杵島姫命《いちきしまひめのみこと》をご祭神とする藤島神社、中嶋郡には、宗形神社、山田郡（現在、名古屋市北区元志賀町）に玉依比売命《たまよりひめのみこと》・神宮皇后・応神天皇をご祭神とする綿神社《わたのかみのやしろ》の存在が『延喜式』に認められる。この綿神社については、『延喜式』神名帳には「創建年代等不詳、綿天神あり小社なり」とあり、『尾張国内神名帳』には従三位和田天神とある。また『尾張国風土記』逸文の川嶋社の条に、凡海部忍人《おおあまべのおしひと》との名も記されている。

紀伊国の海部郡（『延喜式』神名帳には名草郡とある）には、加太神社、那賀郡には、豊玉彦《とよたまひこの》命《みこと》・国津姫命《くにつひめのみこと》をご祭神とする海神社が牟妻郡にも海《かい》神社が祀られている。さらに『続日本紀』神亀元年十月の条に「名草郡の小領正八位下大伴櫟津連子人、海部直士形に二階。自餘の五十二人に各兼一階。」との名前が見える。この海部直の氏はその地の国造と同族から選んだとされる。その他紀伊国の海女の存在は、『延喜式』巻七　祚大嘗祭　神御に供すべき由加物の条に次のように記されている。

紀伊国の獻る所、薄鰒四連、生鰒・生螺各六籠、都志毛・古毛各六籠、螺貝焼鹽十顆。並賀多の潜女十人をして程を量り採り備へしめよ。

対馬国については、国造に準ずる県直《あがたのあたい》が県主に大和朝廷から与えられている。この背景には、対馬が大和朝廷の国家の防衛上の重要さならびに大陸への交渉上の最前線と位置付けていたことに由来しているものと考えられる。それゆえ近畿七国すなわち倭・葛城・凡河内・山城・伊勢・滋賀・紀伊にそれぞれ国造を置き、そして対外的に重要な地域にあった宇佐と対馬にそれに準ずる県直を置いたのであろう。

さてこの対馬国には『延喜式』神名帳に和多都美神社が四社記載されている。そのうち上県郡に祀られている二社と下県郡の一社が名神大社である。その外、下県郡には名神大社として住吉神社が記載されている。和多都美を神社名に冠した神社は、『延喜式』神名帳の記載するところで全国でこの対馬の四社と阿波国の和多都美豊玉比売神社のみである。いずれにしても安曇族に関わりの深い神をご祭神として古代より祀られており、安曇族の人々が多く住んだ地であろう。また、下県郡の住吉神社についても、安曇族と同系統の海人氏族がこの地に住み航海安全・豊漁を祈願し奉斎したものであろう。安曇氏族が住んだところなら安曇を想定しうる地名や人の名などが認められても良いのだが、筆者の知るところでは確認できなかった。その一つには律令制を施行した後、国・郡・郷などが確定し、対馬には、上県郡と下県郡の二つの郡が置かれた。郡が置かれると、そこに郡司が任命されるのだが、当時一般的には従来の〝県主〟がそれにあてられていた。郡司には大領や少領といった位があった。さて対馬では郡司に誰が任命されたかというと、直一族であった。直族というのは、対馬の場合、朝廷から賜った〝姓〟である直《あたい》を氏の姓としたのである。したがって上県直、下県直の族が直族となり元からの姓は見えなくなってしまったのである。

壱岐については、壱岐郡（現在　壱岐市芦辺町住吉東触）に住吉三神をご祭神とする住吉神社が、また石田郡（現在　壱岐市石田町筒城西触）に豊玉彦命をご祭神とする海神《わたつみ》神社が『延喜式』神名帳に名神大として記載されている。芦辺町の住吉神社は住吉七社の一社である。因みに他の六社は、対馬、筑前、長門、播磨、摂津、陸奥に祀られている住吉社である。これらのことから壱岐の海人族を考証するに安曇族系の海人が多く住み付き、漁撈を営み、事あるときには水軍として大和朝廷の尖兵となって働いたものと考えられる。

壱岐・対馬には、海人族ではないが卜部《うらべ》氏が居住していたことが明確であるが、この卜部氏は、海人族とも深いつながりをもっていた。律令制の下に朝廷には太政官と天神地祇の祭祀など神祇行政を管轄する役所として神祇官が置かれた。この神祇官には、神部（「かんとも」とも訓む）と卜部があり、神部は神事を司る職員で中臣氏、斎部氏などが『古語拾遺』に記されている。卜部は朝廷の大事を決定するとき亀卜を行い神意や事の吉凶を判断する職員で定員は二〇名であった。そこで少し本題から離れるが、この卜部については、『延喜式』臨時祭の条に、

凡、宮主《みやじ》は、卜部の事に堪へたる者を取りて任ぜよ。其の卜部は、三國の卜術に優長れる者を取れ。伊豆より五人、壱岐より五人、對馬より十人。

とある。

また、『新撰亀相記』（八三〇）には、四國卜部とあり、『延喜式』における三國のうち對馬を對馬上県と對馬下県の二国扱いして、伊豆五人、壱岐五人、對馬上県五人、對馬下県五人と

図 5-2　安曇の海人が渡り住んだ伊勢湾に浮かぶ神島

解釈し、いわゆる「四國卜部」といっているのではなかろうか。

ここで黒潮洗う太平洋岸をみると渥美半島を認めることができる。この渥美の地名は安曇を当てた地名の一つであり、安曇の海人族に縁の深い土地ということができる。また、伊勢湾口に神の島といわれている周囲三・九キロ、面積〇・七六平方キロの神島があり、安曇氏の祖神と斎く綿津見命を御祭神とする八代神社が祀られている。この島に古代安曇の海人達が渡り住み、豊かな海で魚貝を捕り生活していただろうことを窺い知ることができる。海人族の信仰は厚く、新しく漁場を開拓し住み着き定住したところには、必ずその海人の氏族の祖神を本の宮より勧請し、豊漁と海の安全を祈ったものである。

安曇族の根拠地は、北九州博多湾志賀島一帯であるが、その根拠地より舟をつかい瀬戸内海沿岸を経て、大阪湾、そして四国や紀伊、伊勢志摩、尾張へと移動する中、伊勢湾一帯も新たな大きな根拠地となっていたものと考えられる。

伊勢国の河曲《かわわ》郡に海部郷があり、海人族の居住が認められる。また、伊勢国、志摩国には海人と同様漁撈を職とする磯部の民の存在が認められる。この磯部については、『古事記』応神天皇の段に「此之御世、定賜海部、山部、山守部、伊勢部也」とあり、この伊勢部は磯部のことと見られる。

この磯部は神宮と関わりの深い海人族であって、『続日本紀』和銅四年三月辛亥の条に「伊勢国人礒部祖父・高志二人、賜二姓渡相神主一」とある。この礒部は磯部で渡相は度会のことで、度会神主は、大神宮の豊受宮（外宮）の禰宜を代々務める氏である。

磯部氏族は、海部を率いる安曇氏族に肩を並べるほどの大族とみられ、どちらかというと日本の東部に勢力を広げていた。磯部は、磯に生息する海藻を刈り取ったり、鰒や鯛を捕る人々であって、彼等は、好磯場を求めて磯伝いに移動することはあっても、安曇海人族のように大きな移動はしない海人達である。伊勢・志摩は、古くから神宮の魚塩（なしお）の地、そして大和朝廷の御食津国となっており、それ故この両国には磯部の姓を名乗る人が特に多く認められている。志摩の磯部の民からもたらされる鰒、鯛、海藻類は「志摩の速贄」といわれ、朝廷や神宮に貢進していたことより、伊勢の神郡の磯部の民は、調、庸の義務は課せられなかった。伊勢の磯部氏は、天皇の摯人でもあり大神宮の摯人であったことより非常に大きな力を持っていただろうことが類推され、この海人氏族は、その根拠地である伊勢から三河・美濃・越前・上野など諸国に移り住み磯部郷をつくり、そこに磯部神社（石部神社）を創建し信仰したのである。

瀬戸内海においては、淡路島の野嶋の海人も安曇族に関係ある海人であることが『日本書紀』履中天皇即位前記に表れている。

「曷人ぞ。且何處にか往く」とのたまう。對へて曰さく、「淡路の野嶋の海人なり。阿曇連濱子、（一に云はく、阿曇連黒友といふ）仲皇子の為に、太子を追はしむ」とまうす。

この淡路国の海人については、同じく『日本書紀』応神天皇二十二年三月の条に「淡路の御原の海人八十人を喚して水手として吉備に送す」とする記述もあり、淡路国御原郡に阿万郷の存在が記されている平城宮木簡もある。また、難波には阿曇寺や安曇江も存在することより、安曇の海人族の京に近い現在の大阪湾一帯への移住は、相当古くから行われ、そこが彼等の拠点の一つになっていたことを窺がい知ることができる。

同じく瀬戸内海に面した兵庫県揖保郡太子町（旧、播磨国揖保郡石海の里）は、安曇連百足《ももたり》が、たわわに実る稲が生えているところを見つけ、その稲を刈り取り、朝廷に献上した。時の孝徳天皇は、百足に「その稲の生える野を墾りて田を作るべし」とのりたまいた。そこで百足は、安曇連太牟《たむ》を遣わし、石見の国から人夫を召してその地を開墾し、その野を名づけて〝百垂〟とし、村を石海《いわみ》としたと『播磨国風土記』にある。そしてこの太子町の南方に安曇の海人族が移住したと伝えられている〝岩見〟漁港がある。

安曇の海人族縁の兵庫県揖保郡太子町の近くに位置する御津《みつ》町は、以前は揖保郡に属していたが現在はたつの市御津町となり、そこには古社である賀茂神社が鎮座している。御祭神として、賀茂別雷神と彦火火出見尊（火遠理命）を祀っている。この彦火火出見尊は、安曇氏の祖神である綿津見神の子、豊玉毘売命と結婚し、鵜葺草葺不合命《うがやふきあえずのみこと》を生み、この命が豊玉毘売命の姉妹である玉依毘売命と結婚し生まれた子が、神倭伊波礼毘古命《かむやまといわれびこのみこと》（神武天皇）という関係になり、安曇海人族にとって大変関係の深い神である。この神を奈良時代に瀬戸内の大きな泊とされていた地に祀られていることは、この地が安曇海人族の移住に関わることを示唆するものである。

五－二　海から内陸への移住

安曇海人族の移住地の一つに海岸地帯ではなく三千メートル級の高山に囲まれた信濃の国の安曇野地方がある。安曇族がどこからこの山国に入ったのかについてはいくつかの説があるがいずれも日本海や太平洋に流れ着く大河を遡って移住したと解いている。すなわち新潟県の姫川や木曽川、天竜川、信濃川などである。この安曇野は古くは安曇平とよばれていたところである。この安曇野に安曇海人族の祖神である〝綿津見命〟その子神である〝穂高見命〟そして天照大御神の孫神である〝邇邇芸命《ににぎのみこと》〟を御祭神とする穂高神社が祀られている。主神は穂高見命である。

『新撰姓氏録』右京神別下の地祇に「安曇宿禰、海神綿積豊玉彦命の子、穂高見命の後なり」とあり、氏族のところに記されている。『古事記』には安曇族と神々との関係を以下のように

図 5-3　穂高神社

記している。

綿津見神は、阿曇連等の祖神として以伊都久神なり、故　阿曇連等は、綿津見神の子、宇都志日《うつしひ》金拆命《かなさくのみこと》の子孫なり。

また、いつごろに穂高神社がこの地に祀られたかは定かでないが、『日本三代實録』の貞観元年二月に「信濃國従五位下寶宅神従五位上」とある。この寶宅は、穂高とみえる。さらに『延喜式』巻第十に「信濃國安曇郡二座名神大　穂高神社」と記されており少なくとも『延喜式』が記された延長五年以前の古社であることは間違いない。このように安曇族の祖神である穂高見命や綿津見命を祀り穂高神社として奉じていたことは、平安時代初

図 5-4　奥穂高山頂　嶺宮

期に安曇氏が北九州の根拠地からあるいは伊勢湾一帯の新しい根拠地から信濃國に移住し、その地を開拓したことをものがたるものである。尚、穂高見命が降臨されたとする奥穂高岳山頂に嶺宮が穂高見命をご祭神としてまた、上高地明神池には奥宮が鎮座されている。

なぜ海に生きた海人族が内陸深く入り込み山間の地を拓いて集団で移住したのか疑問をいだかざるを得ないところであるが、初め北九州の志賀島一帯の安曇族の根拠地から好漁場を求めて日本海を、また、瀬戸内海を経て太平洋側各地で鰒、サザエ、海藻などを捕り、徐々にその地に定住して生活をしていたものと考えられるが、やがて海人達の人口が増加し、彼等の本来の漁撈のみでそれらの人口を養いきれなくなり、そこで彼等の漁場に近い陸地を開拓し農耕を始めるようになったと考えるのが妥当であろう。

安曇野については『延喜式』巻第十神祇十　神名下に信濃の国の一〇郡中の一つとして掲げ

られている。この安曇郡中に存在する郷については、『和名類従抄』に、高家・八原・前科・村上の四郷が認められる。安曇郡の初見は、天平宝字八年（七六四）十月と年号の入った正倉院調布に、信濃の国安曇郡前科郷戸主安曇部真羊および郡司主張安曇部百鳥の名とともに認められている。すなわち安曇海人族は、これよりずっと以前に既に信濃の国に移住し、郡を形成するほど大きな集団として存在していたことが解る。この時期は安曇氏が長年務めてきた内膳司の奉膳の職をめぐる膳部臣との争いに破れ、桓武天皇の裁定により、阿曇宿禰継成が佐渡島にながされ、安曇氏が中央政権での活躍の場を離れるほんの三〇年程前のことである。

郡を形成するほどの多数の安曇海人達が安曇平に集中したのは、いかなる理由からかということについては諸説あるが、その一つに安曇氏等の祖神である穂高見命が、天降った穂高岳の山麓に広がる安曇野の平地に、祖先の神々にいだかれ見守られながら穏やかに暮らそうとしたのではないだろうか。大和朝廷において大いに活躍し高い地位を得ていた阿曇連比羅夫を白村江の戦いで失い、安曇族等海人部の民からなる大和の水軍も再起不能にまでに到った姿を見た大和朝廷は、これまでの国外に向けた国の諸政策を国内に向けるよう政策変更を計り、国防に力を注ぎ、経済力の向上に重きを置くように舵をきったのである。

安曇族の英雄阿曇連比羅夫をも失い、かって荒海をものともせず玄界灘に舟を漕ぎ出し、朝鮮半島や大陸となど外国と交流し、また、水軍として百済を守るべく朝鮮半島に出兵するなど、時の朝廷にとって、その勇敢な海人族である安曇族は、なくては成らない存在であった。朝廷内で重臣の地位を担っていた安曇氏族にとって、この時期国外に向けて勇壮に活躍しうる水軍力の縮小は否めず凋落の兆しを感ぜざるを得なかったのではなかろうか。そしてこのような安曇族を取り巻く環境の変化を目の当たりにして、これまで海にのみ生活の糧を求めてきた海人部の民の安曇氏の一部が、安住の地、理想郷を求めて、大河の河口から川を遡り海辺から遠く離れた内陸安曇平へと深く入り込んでいったのではなかろうか。

また伊予の国大三島に式内社である大山祇《おおやまづみ》神社が鎮座されている。『延喜式』神名帳には、伊予國越智郡に「大山積神社　名神大」と記されている。大山祇神社の御祭神は大山祇神で、山の神であるが海人達の篤い信仰を集めていた。なぜ漁撈や航海を生業にする海人達が大山祇神を信仰の対象にしたかを考えると、最も単純な理由としては、操船者は海上において周辺の山を視認して舟の位置を確認したり、好漁場を確認していた。そこで山は、漁撈者にとって大切な存在であったわけである。一方でその山は、神がどこからとも無く降臨される依代と考え

図 5-5　　伊予国大山祇神社

られ、神聖な存在でもあったのである。また海人達に篤い信仰を集めたもう一つの理由として、大山津見神の御子神である木花開耶姫《このはなのさくやひめ》が邇邇芸命との間に彦火火出見尊（火遠理命）を生むのだが、この彦火火出見尊が安曇の海人族の祖神である綿津見神の御子神である豊玉毘売命と結婚し、後の神武天皇の父となる鵜葺草葺不合命を生むといった関係より推考するならば、大山祇神と綿津見神とは姻戚関係ということになり、海人達の信仰の対象となったのではなかろうか。そしてこのような信仰の形態を勘案するなら、大三島の海人達は、安曇族に関わりの深い海人達が定住していたものといえるのではなかろうか。

その他、安曇の海人族が移り住んだとみられるところをいくつか挙げてみる。伯耆国会見《あいみ》郡安曇郷（現、米子市上安曇、下安曇）の記述が『和名抄』に見られる。また『寧楽遺文《ならいぶん》』に「伯耆国会見郡安曇郷戸主間人安曇　調狭絁壱匹」とあり奈良時代に調として朝廷に絹織物を納めていたことが記されている。海人族が海産物でなく織物を貢納することに奇異な感をいだくかもしれないが、実は彼等は、朝鮮半島や大陸から稲作や養蚕、製鉄の技術などを持ち込んでもいたのである。

海人族の根拠地からの移住の動機について述べると、一つには海人族自らの行動であろうと考えられる。さらに時の大和朝廷により促されての移住が考えられる。大和朝廷は、政権の安定と確固たる国内統一のために朝鮮半島や大陸との交易の必要性を強く希求したからである。この場合、対馬、壱岐、北九州、瀬戸内海と自由に航海し、漁撈や通行を掌握していた海人族の力を利用しなくては、政権の思惑通りに外国との交易が叶わないことを十分承知し、朝廷は彼等海人氏族に官位を授け、海人族の根拠地である北九州一帯から京の置かれている畿内に彼等を移住させ、朝廷の配下にしっかり取り込んだものと推測される。

そこで畿内における海人族に関し若干述べてみることにする。海人氏族が移住した土地に祀られている神社の御祭神と海人氏族の祖神とを対照することによってある程度その海人族の出自を知ることができる。因みに平安時代初期に全国において海神を御祭神として祀る神社で最多のものは、安曇海人族の祖神やその御子神を祀る社である。筑前国志賀島の志賀海神社、信濃国の玉依比売命神社、対馬国や阿波国の和多津美神社、紀伊、壱岐、播磨国の海神社などがそれである。二番目に多いのは宗像海人族の宗像大神を祀る筑前や伯耆国の宗像神社、尾張国の宗形神社、安芸国の厳島神社、伊予国の姫坂神社などである。

五－三　畿内の海人族

さて畿内にもどり、『延喜式』（神祇九神名上）に〝山城国葛野郡「松尾神社二座」〟とある。この松尾神社に祀られている二座、すなわち御祭神の二柱は、大山咋命《おおやまくいのみこと》と市杵島姫命の大神を祀る社である。この大山咋命については、『古事記』に次のように記されている。

亦名　山末之大主神。此神者、坐二近淡海国之日枝山一、亦坐二葛野之松尾一、用二鳴鏑一神者也。

（『古事記』上巻）

すなわち『古事記』編纂時には、すでに松尾社に奉斎されていたわけである。また、市杵島

図 5-6　松尾大社

姫命については、大宝元年（七〇一）秦忌寸都理によって松尾社に勧請とする説や天智天皇七年（六六八）に筑紫の宗像から勧請したとする説もある。一方で松尾社は、松尾山の頂付近の磐座に祭祀遺跡がみとめられることより、太古よりこの洛西のあたりに住んだ人々が尊崇する神であったということができる。

すなわちこの一帯に五世紀には渡来人とされる秦氏族が沢山移り住み、文武天皇大宝元年（七〇一）に秦忌寸都理《はたのいみきとり》が勅命を奉じて嵐山南麓の現在の京都市西京区の厳しの地に松尾山山頂の神を遷し社殿を造営した時期より相当以前に祀られていたのである。

ここで秦氏について述べると、山背国葛野《かどの》郡に住んだ秦氏の集団は、松尾大社を氏神として大きな勢力となっていくのであるが、その中で優れた土木技術をもって桂川の治水事業を施し、流域の荒地を開拓し豊かな農地にし、農業を進歩させ、さらに養蚕から絹織物生産を盛んにするばかりでなく酒造りにも力を注ぐなど殖産興業に大いに貢献したのである。

秦氏の京におけるこのような大きな貢献には、朝鮮半島や大陸との海上交通路を掌握している海人族の支援が無かったならば成就しなかったであろう。

渡来人の秦氏は、海人族の中の宗像氏と朝鮮半島新羅との交易をとおして深い関係を保っており、当然ながら航海安全を祈念して宗像大神を篤く信仰したことであろう。

この宗像海人族は八世紀以前に既に畿内に移住し、平安の京の右京や左京の地に彼等の集落を営み、その集落に宗像氏の祖神としての宗像大神を祀り暮らしていたであろうことを窺い知ることができる資料がある。

『日本三代実録』貞観十二年（八七〇）十一月十七日の条に次のように記述されている。

又　近㆓於葛野鑄銭所㆒宗像。櫟谷。清水。堰。小社五神。奉㆓鑄銭所新鑄銭㆒。告文曰。
天皇我詔旨止。宗像神乃前尓申賜倍止申久。

また、『新撰姓氏録』右京神別下に記載されている二九氏の中の地祇の中に宗形朝臣を認めることができる。

そこで、この葛野に大きな勢力をもった秦氏は、松尾大社を氏神とし、古来秦一族が移住する以前の先住民が信仰したであろう神である大山咋命に、やはり葛野に早くから移住し、そして秦氏の発展に大きな支えとなった宗像氏の祖神を勧請し祀り、その後大宝元年には現在地に社殿を造営し、崇敬していたのであろう。

安曇氏に関わるところとして、宗形氏と同様に『新撰姓氏録』右京神別下に安曇宿禰、海犬養《あまのいぬかい》、凡海連《おほあまのむらじ》の名を認めることができる。

大和朝廷の政策による北九州の海人族の中央への移住経路は、おそらく彼等の根拠地である北九州から瀬戸内海そして難波へと東遷し、さらに宇治川を経て桂川水系に沿った周辺地域に移動し、そして住みついたのであろう。今日、桂川下流に久世《くせ》という町がある。この町については、『山背国風土記』に記述がある。

南郡社《なみくりのやしろ》。祇社《くにつやしろ》。名宗形阿良足神《あらたしのかみ》。里号二並栗一。

『延喜式』神名帳久世郡の条に、「雙栗《さぐり》神社三坐」とある。鎮座地は、久世郡久御山町佐山双栗、御祭神は、宗形阿良足神（宗像三神）、宇治田原町より勧請とある。

また、「久世郡。水渡社《みとのやしろ》。祇社。名天照高弥牟須比命《あまてらすたかみむすびのみこと》、和多都弥豊玉費売命」とある。

即ち、南郡社のあたりには宗像氏がそして水渡社の鎮座しているあたりには安曇氏の関係者が住まいしそれぞれの祖神を奉斎したのであろう。

安曇氏について視るなら『日本書紀』皇極天皇元年二月の条に、百済の「翹岐《ぎょうき》を召して阿曇山背連の家に安置らしむ」とある。すなわち皇極元年には既に阿曇氏が山背《やましろ》に住んでいたことを意味し、相当早い時期より大和朝廷による北九州の海人族の畿内への移住が政策的に行われていたことが解る。

同様に『新撰姓氏録』河内の国神別の地祇に、「宗形君。大國主命の六世の孫、吾田片隅命《あたかたすのみこと》の後」や「安曇連。綿積神命の児、穂高見命の後」とする名が見え、同じく摂津の国神別の地祇に、「凡海連《おほしあまのむらじ》安曇宿禰と同じ祖、綿積命の六世の孫、少栲梨命《をたくなしのみこと》の後なり」との名が見え、「阿曇犬養連。海神大和多罪神《わたのかみおおわたつみのかみ》の三世の孫、穂己都久命《ほこつくのみこと》の後なり」とする名が認められる。このように地理的に畿内への入り口に当たる地にも海人族の住まいした足跡を見ることができる。

第六章　漁民固有の信仰

六−一　船霊信仰

海人族による宗像や住吉の海神への信仰は別として、漁民が安全操業と豊漁を祈願した信仰の形として〝船霊《ふなだま》〟やエビス、竜神、オオダマなどを挙げることができる。

船霊信仰は、今日においても漁船に船霊様を祀っていない船はないといってよいほど漁民による篤い信仰を集めている。この船霊様の神名を確定することは不可能であるが、『延喜式』神名帳や『続日本紀』の中に船霊の記載がある。

『続日本紀』淳仁天皇　天平宝字七年（七六二）八月の条に、船霊に関する次のような記述がある。

初めに高麗国に遣せし船は名けて能登と曰ひき。帰朝の日、風波暴急にして海中に漂蕩ひき。祈みて曰さく、「幸に船霊に頼りて平安に国に到らば、必ず朝庭に請ひて酬ゆるに錦冠を以てせむ」とまうせり。

これが船霊に関する初見資料とみなされている。このことより、船霊信仰はかなり古くから我国の船に関わる漁民などの間にあったことが理解できる。御神体と考えられるものとして、女性の毛髪、サイコロ二個、銭十二文、男女一対の人形、五穀などが全国的に共通に祀られている。これらの御神体と思われるものは、船おろし（進水式）の前に船大工によって、帆柱の下のツツとかモリとかと呼ばれる場所に祀り込むのが通常となっている。九州地方ではモリと呼ぶところが多く、他の地方では概ねツツと呼んでいる。ツツの語源については『和漢船用集』に次のように記されている。

舟の中央にありて神を安置す。筒之男の神の御名によれり。筒はすなわち舟玉なり。

筒之男三神と神功皇后を併せ祀る住吉大社の摂末社の一つとして大社の境内に神名帳所載の

「船玉神社」が祀られている。ご祭神については諸説あるが、海の神としての住吉の大神との関係が想定される。

祀り方が全国ほとんど統一されているのは、おそらく江戸時代に入ってからの北前船などの廻船による物資の海路による輸送が盛んになったことに起因し伝播したもので、それ以前は地域によって、また土地土地によって若干異なった方法がとられていたのではないかと考えられる。過去においては、巫女の毛髪に霊力を覚え、漁村の幼い女児の髪を船霊様の御神体とし船に祀り、その女児をフナダマササギと呼んで、船が漁を得て帰ると必ず捕獲した魚介類をその女児に届けるといった風習を残す地域もあった。この事象は、船大工ではなく巫女が船霊を祀った時代があったことを示す風習ではなかろうか。さらに修験者が船霊祀りに関係した時代もあったのではないかといわれている。

このように船霊は、確固とした神名も定かでなく、地域社会や民衆の中から自然発生的に出現し、信仰の対象になった神で、所謂〝民族神〟と位置づけることができる。それ故地域色、生業色が豊かで、この場合、漁民社会の中で発展し定着した信仰である。

船霊様は女性の神と全国的に信じられている。それ故、女性が船から立ち去ってゆく夢など

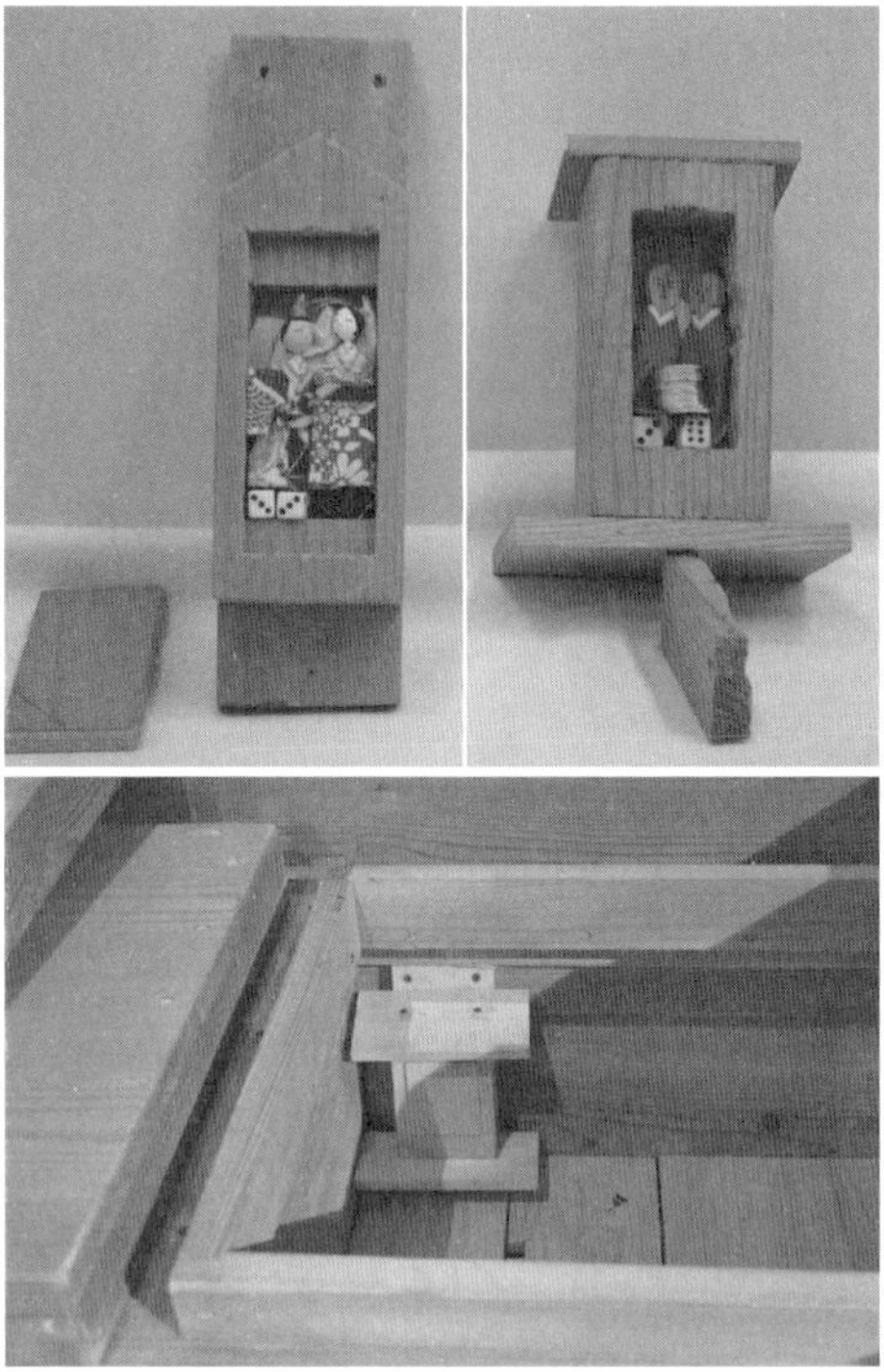

図6-1　房総浜勝浦の船霊様と船への奉斎

は漁民にとって遭難などの前兆として不吉な夢とされている。事実各地の漁村で女性が自舟から陸に上がった夢を見た後、遭難したというような言伝えが多く残っているし、また船霊様がどこからともなく舟に現れ、航海の危険を知らせてくれたとする話も日本海側の漁村に残っている。

同様に漁民の信仰の中で魚網に関するものもある。瀬戸内一帯では、網にオオダマという網霊を認めそれを祀る地域もある。その場合御神体は、魚網に付けるオオダマやエビスアパと呼ばれる浮標で、漁期が終わると網から外し感謝の祭りを営むものである。

六－二　えびす信仰・金比羅信仰

エビス神も漁民にとっては豊漁をもたらす神として信仰されてきた。『古事記』には、水蛭子、『日本書紀』には、蛭子と記されるが、中世になってエビス神として漁村の小高い岬などの祠に祀られる形が多く見られるようになった。この場合蛭子や水蛭子がエビス神とする伝承は、太平洋岸や瀬戸内沿岸に多く、事代主命《ことしろぬしのみこと》がそれとする伝承は、日本海側に多く伝わっている。エビスの語源は定かではないが、異郷人や辺境者を意味するエミシ、エビスに由来するとする説もある。漁民の間には、海から漂着した珍しい物や海中から拾い上げた石、海岸に流れ着いた鯨やイルカ、鮫などをエビスと呼んでおり、拾い上げた石をエビス神として祀っている地域もある。このように漁民におけるエビス神信仰は、海の彼方から海岸に寄り来る漂着物に神霊を認め豊漁をもたらすとする信仰の形を窺い知ることができる。

豊漁をもたらす神であったエビス神は、中世における商業の発展に従って〝市《いち》の神〟としての信仰を持つようになった。市はおそらく海辺の民が海産物をもって、山の民は農産物をもって物々交換をしたことから始まったものであろう。エビス神が市の神として明確に出現したの

図 6-2　西宮神社

は、長寛元年（一一六三）東大寺に、そして建長五年（一二五三）鶴岡八幡宮に市の守護神として勧請された事実からである。いずれにしてもエビス神は、漁民の信仰から福をもたらす福神として、商人の信仰、さらには農民にと全国的にその信仰がひろまっていった経緯がある。釣竿をもち鯛を抱えた神像は、よく見るエビス神のあまりにも知られた姿である。

　エビス神信仰がこのように全国的なひろまりを見せるにいたるまでには、本来それを信仰する漁民や航海者のみでなく、古来摂津の国に戎社として祀られ、明治維新後改名し、西宮神社となった社の神人達のはたらきに負うところが大きかったと推察される。西宮神社は、主祭神に蛭児大神を祀り、全国のエビス様の総本社である。

漁民や航海者から航海の安全、豊漁をもたらす神として、金比羅様は篤い信仰を集めていた。特に江戸時代に入り、その名声がひろがり、全国に流布されるようになった。元来金比羅信仰は、四国讃岐の地元農民による水神信仰から始まったといわれている。四国の中の瀬戸内側は特に降雨量の少ない地方として知られている。その中で金比羅の神を祀るのが琴平山（象頭山）である。由来は大宝元年（七〇一）十月、青空から一本の旗竿が旗をひらめかせてこの象頭山に降臨したことをもってこの地に祠を設けたとするものである。象頭山一帯は樹木に覆われ、当然その森林の下の土壌には、落葉や枯れ枝とともに、昆虫、ミミズなど地中で行動する小空間が沢山あり、この空間に雨水が大量に蓄えられるのである。雨水の浸透する速さを見ると、森林は草原の四倍ともいわれている。一旦蓄えられた水は、ゆるやかに流れ出し、地下水や河水となる。このように森林の土壌が雨水を溜めてその後ゆるやかに水を流しだす機能をもっており、この機能が森林の「水源涵養機能」と呼ばれ、森林が「緑のダム」といわれる所以である。金比羅の神の座します象頭山はまさにその機能を備え、旱魃時でも水を枯らすことなく、農耕に、飲料水にと、絶やすことなく人々に水の恵みを与え続け、山麓地域の住民に畏敬の念を抱かせ、水神、農耕神としての篤い信仰へと繋がっていったもの考えられる。一方航海者や漁民

図 6-3　金刀比羅宮

にとって船の位置や好漁場の位置を知るうえに必要な目印として、この琴平山が聳えいわゆるアテ山としての機能を果たしていたのではないかと思われる。このようにして金比羅の神は、山の民には水神として、海の民には海神として全国処々に祀られ信仰されてきたのである。

金比羅神信仰は、初め瀬戸内地方に始まり、後年江戸時代の中頃の日本海側の航路による北前船や太平洋側の航路を使う廻船の活発化に伴い、それらの航海者によっても全国的に広められていったものと考えられる。

六－三　海女による弁財天・竜神信仰

弁財天も海の安全の守護神として信仰を集めてい

図 6-4　安芸の宮島　厳島神社

る。『延喜式』巻十に安藝國三座の一社に伊都伎嶋神社〔名神大〕とある広島県佐伯郡宮島町に鎮座している厳島神社が全国的に良く知られている。御祭神に宗像三女神が祀られ、その創建は推古天皇元年（五九三）といわれる。

この宮島の厳島神社は、後に安芸国の守護の平清盛により、新社殿並びに一〇八間もある回廊の造営、さらに海中には大鳥居を建立するなど篤い尊崇をえた。清盛は仁安二年（一一六七）に太政大臣となり、後白河上皇や高倉天皇も行幸されるなどの記録を残している。その後も朝野の信仰を集め、大いに隆盛を得たのである。

厳島信仰は、仏教での水や音楽の神としての弁財天信仰と習合したものであり、漁民には、漁業の神として篤い信仰を得ている。弁天様の祭りの日には漁に出ないとか、弁天様が音楽の神である神性をおもんばかってか、舟の上では口笛を吹かない、航海中は楽器を鳴らさないなどの禁忌が各地に残っている。

なお、全国で水辺に弁天様の祠が祀られている例を認めることができるが、仏教における水の守護としての存在が民間信仰の中に息づいたものと考えられる。

厳島信仰で著名な神社としては、神奈川県藤沢市江ノ島の江島神社や、琵琶湖の竹生島に鎮座している都久夫須麻神社がある。これら三社を「日本三大弁天」とも称している。

江ノ島神社は古くは江島弁財天、江島明神と称されていたが、明治の神仏分離令により、寺名は廃止され江島神社となった。多紀理比売命《たきりひめ》・一寸島比売命《いちきしまひめ》・田寸津比売命《たぎつひめ》の宗像三女神をご祭神として祀っている。

創建については、『吾妻鏡』寿永元年（一一八二）四月の条に記されている。

是高雄文學上人、為レ祈二武衛御願一。奉レ勧二請大辨才天於此嶋一。始二行供養法一之間。

また下って『吾妻鏡』建保四年（一二一六）正月十五日の条に江島明神についての記述がある。

相模国江嶋明神有二託宣一。大海忽變二道路一。仍参詣之人無二舟之煩一。始レ自二鎌倉一。国中緇素上下成レ群。誠以末代希有神變也。

図 6-5　野島崎灯台を背景に鎮座する厳島神社

このように江ノ島明神は、歴代の鎌倉幕府の将軍を始め、武家や庶民に多くの信仰を集めていたことを窺い知ることができる。

房総半島先端部のかつて安房国といわれた地域では、現在でも海に生業の場をもつ漁業者が多く住んでいる。おもに沿岸の漁を専業としている漁業者達である。この地域に祀られている神

図 6-6　海の神々を祀る小さな祠

社について、神社本庁包括下の神社をみると、鴨川市磯村・横渚、館山市西川名・布沼、南房総市白浜に市杵島姫命を御祭神とする厳島神社が祀られている。

南房総市千倉町平舘や富山町小浦には、社名は違うが市杵島姫命を御祭神とする神社が祀られている。その外、南房総市の和田町・鋸南町・丸山町、館山市江田・湊・浜田には豊玉姫命を御祭神とする神社が祀られ、同じく房総半島の太平洋側の、かって夷隅郡と呼ばれていた地域の大原町・岬町にも豊玉姫命・豊玉彦命・玉依姫命を祀る神社がある。天津小湊町内浦には住吉神社が祀られている。いずれにしてもこれらの神社を祀る町は海岸沿いに位置し、古くから漁業が盛んなところである、おそらくそれら海岸磯辺に移り住んだ海人達の出自に関わる故郷の海の神を勧請し、豊漁と航海安全を祈念し祀ってきたものと思われる。尚、三方を海に囲まれている房総半島の海沿いの町には、社殿を有するほどの社ではないが、海の神々が磯近くにひっそりと祀られた小さな祠を多く目にすることができる。今、我々はこれらの祠に出会うたび、遠い昔、西の国から東国のはずれの新天地に住み着き、新しい文化を広め、漁業に勤しんだ海人達の、素朴で且つ真摯な信仰の形に思いを馳せることが自然なことであろう。

図 6-7　昭和 50 年代の白浜の海女達

全国における海女の分布については、図5－1に示したが、九州北部から日本海側、太平洋側にそれぞれ広く分布が認められている。北九州鐘ヶ崎や能登の輪島舳倉島、伊勢・志摩一帯、伊豆や房総の磯辺がその著名なところとして知られている。その著名な分布地の中でも房総には専業の海女の数として全国第二位ともいわれるほど多くの海女が活躍していた。房総の最南端

図 6-8　昭和 50 年代房総白浜の海女達の鰒採り風景

に、航海者にとって全国的に良く知られている野島崎灯台がある。現在の南房総市白浜町に位置している。太平洋に突き出した荒波打ち寄せる岩礁地帯が広がる一帯である。この白浜町には、古くから磯辺で海に潜って魚介類を採る海女が居住し、昭和五十年代には三〇〇名もの数の海女が活躍していた。この白浜で生まれ育ち一五歳のときから八〇歳代半ばまで現役の海女として海に潜り、そして今は温暖な気候を生かした白浜等この地域で盛んに栽培される花造を元気にされている平野幸代氏に当時の話を聞いた。白浜では、海女はその技術の差から、大海女、中海女、小海女の三つの段階があり、大海女は水深一二～一三メートルで一分～一分二〇秒潜水して海中作業ができる所謂熟練の海女のことで、主に鰒やサザエ等の貝類を採取し、中海女は水深三～五メートルくらいの浅海で貝や海藻を採取していた海女のことで、大海女・中海女までを一人前の海女と呼び数えられていた。幸代氏は地元で大海女として、熟練の高い技術をもった海女としての評価を得ていた。

前面に太平洋の大海原、背後に低い山並み、その間に田や畑が拓かれている白浜一帯の集落には、それぞれ産土神社が祀られていて、豊作豊漁を願う祭りが毎年斉行されている。それとは別に、それぞれの集落毎にその集落に属す海女達は、集落の前面の磯辺に市杵島姫命を祀る厳島神社を奉斎し、彼女達はその祠を弁天様と呼んで漁の安全と豊漁を願って信仰している。海女達の漁は、毎年五月一日から九月十五日までと決められ、漁の始まる前に〝オレル〟といって海に降りることをこの磯辺の弁天様に報告し、参拝した後、海に入ることを慣わしにしていた。また、この白浜一帯では、市杵島姫命を祀る神社を弁天様と呼ぶほか、竜神様とも呼んで、篤い畏敬の念をもって信仰しているのである。

海女達の漁の仕方は、大海女は沖合に出る漁となるので、舵子《かじこ》と呼ばれる男性の船頭の操る乗合船に数人の海女が乗り合い、沖の漁場に移動しての漁となる。一日の漁が終わると乗合船を浜に揚げる作業も行う。沖の漁場での一回の海中での作業は、およそ九〇分程で、冷え切った身体は、小さい部屋が五室ほど連なった浜にある海女小屋と呼ばれる作業小屋の焚き火で十分暖を取り、また海に戻り水深一二〜一三メートルの水中での作業を繰り返す激務である。それゆえ、丈夫で健康な身体をもつ女性でなければ到底海女は務まらないのである。白浜では、乗合船での海女漁が主流だが、中には夫が舵子となり夫婦で漁をする夫婦船もある。

いずれにしても、房総では古くから鰒漁がいとなまれていたことが窺い知れるわけで、平城京跡から発掘された木簡に、安房国から都へ貴重な鰒が貢進されていたことが記されており、当時すでに潜水して貝類を採る海人達が、西の国から東国の房総へ海を伝って移住し、海女による鰒漁がなされていたことに疑う余地はない。信仰心篤く水中深くでの危険な漁をものともせず、明るく逞しい働き者の彼女達は、その働きで家が建つとまで言われたほどである。

市杵島姫命を祀る厳島神社を弁天様、竜神様と呼び信仰する根拠は、古い信仰の形に水神、海神の姿が蛇体であるとする民間信仰にある。『日本書紀』神代上第五段（一書第六）に闇龗神《くらおかみ》（『古事記』上巻では「暗淤加美神」）という名の神が記されている。この龗という字は竜蛇を表わす古語であり、闇は山の暗いところ、すなわち谷を表わすことより、闇龗神は谷の水を司る神であり、庶民の間で竜神様と呼んだものであろう。稲作において、水はなくてはならないものであり、人類の生存に不可欠のものである。この人々に命と恵みをもたらす水に対して、古来日本人は、神霊を感じ崇敬の念を懐き祀ってきたのである。

一方『日本書紀』同段に闇罔象《くらみつは》神という神名も認められる。これは罔象が水に住むもので、その姿は想像上の生き物の竜の形状とする古代中国での考え方に影響を受けたものであろう。やはり闇龗神と同様、谷の出口の水を司る神とされる。これら谷の水を司る神々は、伊弉諾尊の十握劔《とつかのつるぎ》に関わる神々である。

　復劔頭垂血、激越為レ神。號曰二闇龗一。次闇大祇。次闇罔象。然後、伊奘諾尊、追二伊奘冉尊一、
　入二於黄泉一、

海の神を竜神として祀る漁民の信仰は、先の水神信仰の延長線上にあるものと考えられる。海女をはじめ沿岸磯辺の漁業者達は、山から川を伝って海に注ぐ水の存在が磯辺に豊かな栄養素を供給し海藻を育み、そこに魚介類が多く生息することを経験から感じ取り、山の民が水神として崇め、この水神を竜神としてきた庶民の信仰を受けついだのではなかろうか、一方で

海神の大綿津見神の宮を竜宮と称してもいる。大綿津見神は、伊奘諾尊と伊奘冉尊が国生みに次いで生んだ神々のうち八番目に生んだ海の神とされている。大綿津見神は、海という環境全体に関わる神と考えられ、日本人は、その宮である竜宮は、山から発した水が海に注ぎ、その海の世界のずっと彼方にあるとする常世、即ち人々に幸せをもたらすところにある海神の宮との認識を抱いていたのではないかと推察される。また古来日本人は、水神の姿を、蛇や竜といった、いわゆる長いものの姿と思いいたしていたのだが、この思想は我国特有の思想ではない。

四方を海に囲まれた国である日本、そして、そこに住む日本人は海との関わりなくして語ることはできない。特に「板子一枚下は地獄」といわれるほど危険な海に生業の場を有する海人部の民の海の神への信仰心はひとしお厚く、このようにさまざまな海の神を信仰し、常に神と共に生き、神の加護を祈念し、海に生きてきたのである。

参考文献

池邊　彌『古代神社史論攷』吉川弘文館、平成元年
斎部広成 撰、西宮一民 校注『古語拾遺』岩波書店　平成二年
大倉精神文化研究所『神典』財団法人大倉精神文化研究所、昭和十一年
太田　亮『日本上代に於ける社会組織の研究』磯部甲陽堂、昭和四年
大林太良ほか『海と列島文化　第九巻　瀬戸内の海人文化』小学館、平成三年
加藤健司ほか 編『季刊　悠久　第一三六号』おうふう、平成二十六年
黒坂勝美『新訂増補国史大系第三巻　日本後紀・続日本紀・日本文徳天皇実録』国史大系刊行会、吉川弘文館、昭和九年
黒坂勝美『新訂増補国史大系（普及版）類聚三代格前篇』吉川弘文館、昭和四十七年
黒坂勝美『新訂増補国史大系（普及版）吾妻鏡　第一』吉川弘文館、平成七年
坂本太郎・家永三郎・井上光貞・大野　晋 校注『日本書紀』岩波書店、昭和四十二年
坂本敏行『熊野三山と熊野別当』清文堂出版、平成十七年
鈴木啓輔『わかる環境科学』三共出版、平成二十一年
住吉大社編『住吉大社』学生社、平成十三年

田村　勇『海の文化誌』雄山閣出版、平成八年
千葉県神社庁 編『房総の伊勢信仰』雄山閣、平成二十五年
千葉県立安房博物館『房総の捕鯨』平成二十年度安房博物館企画展資料
都築俊文・伊藤八十男・上田祥久『水と水質汚染』三共出版、平成八年
西牟田崇生「明治八年の式部寮「神社祭式」の制定と神饌の取り扱い」『儀礼文化』第二四号、平成十年
早川庄八「古代律令財政と斎王宮」『伊勢斎王宮の歴史と保存』二（三重の文化財と自然を守る会）、昭和五十七年
林屋辰三郎『日本の古代文化』岩波書店、昭和四十六年
樋口清之・沼部春友「神饌」『定本日本料理　様式』（石川晴彦編）、主婦の友社、昭和五十二年
房総叢書刊行会 編『房総叢書』第一巻（縁起・古文書）紀元二千六百年記念房総叢書刊行会、昭和十八年
穂高神社 監修『図説穂高神社と安曇族』龍鳳書房、平成二十八年
松永勝彦・久万健志・鈴木祥広『海と海洋汚染』三共出版、平成十年
宮地直一『熊野三山の史的研究』理想社、昭和三十一年
宮本常一・川添　登 編『日本の海洋民』未来社、昭和四十九年
宗像神社復興期成会 編『宗像神社史』宗像神社復興期成会、昭和四十六年
森　浩一ほか『海と列島文化　第八巻　伊勢と熊野の海』小学館、平成四年

図表出典ならびに写真提供者

口絵

1　館山市立博物館所蔵
2　赤間神宮所蔵
3　宗像大社・宗像大社文化局提供
4　千葉県　鴨川館　株式会社吉田屋提供

本文

図1-1～4・表1　鈴木啓輔『わかる環境科学』三共出版　平成二十一年より
表1-2　都築俊文・伊藤八十男・上田祥久『水と水質汚染』三共出版、平成八年より
図1-5　環境省「平成18年度公共用水域水質測定結果」より
図2-3　館山市立博物館所蔵
図2-4　ヤマサ醤油株式会社提供
図3-1　千葉県　鴨川館　株式会社吉田屋提供
図3-2・3　館山市立博物館提供

図表出典ならびに写真提供者

図4－1・3　宗像大社・宗像大社文化局提供
図4－7　松本滋氏提供
図5－2　川上俊夫氏提供
図5－3・4　塚田昌明氏提供
図6－1　館山市立博物館所蔵
図6－2・4　松本滋氏提供
図6－3　金刀比羅宮提供
図6－7　平野光雄氏提供
図6－8　館山市立博物館所蔵

＊右記以外の写真は筆者撮影

■著者略歴

鈴木 啓輔（すずき けいすけ）

昭和 47 年　日本大学大学院理工学研究科修了

ソニー学園湘北短期大学教授、理事等を歴任。工学博士

現在、千葉県教育関係神職協議会会長

白幡天神社宮司（市川市菅野 1-15-2）

＜主要著書＞

『環境科学』（三共出版、1980 年）

『エネルギーとその資源』（三共出版、1982 年）

『資源と化学』（三共出版、1992 年）

『わかる環境化学』（三共出版、2012 年）

『房総の伊勢信仰』（共著、雄山閣、2013 年）

『自然と神そして日本の心』（雄山閣、2015 年）

平成 31年 3 月25日　初版発行　　検印省略

海《うみ》と神《かみ》そして日本人《にほんじん》

著　者　鈴木啓輔

発行者　宮田哲男

発行所　株式会社 雄山閣

〒 102-0071　東京都千代田区富士見 2-6-9

TEL　03-3262-3231 / FAX　03-3262-6938

URL　http://www.yuzankaku.co.jp

e-mail　info@yuzankaku.co.jp

振　替：00130-5-1685

印刷・製本　株式会社ティーケー出版印刷

ISBN978-4-639-02637-2 C0014

N.D.C.171　144p　20cm